Gerência de Produtos de Moda

Carla Marcondes Sayeg
Luis Tadeu Dix

Gerência de Produtos de Moda

Gerência de produtos de moda © Carla Marcondes Sayeg e Luis Tadeu Dix, 2015.

Direitos desta edição reservados à Estação das Letras e Cores e ao Serviço Nacional de Aprendizagem Comercial – Administração Regional do Rio de Janeiro.

Vedada, nos termos da lei, a reprodução total ou parcial deste livro.

Dados Internacionais de Catalogação na Publicação (CIP)
(Câmara Brasileira do Livro, SP, Brasil)

Sayeg, Carla Marcondes
Gerência de produtos de moda / Carla Marcondes Sayeg e Luis Tadeu Dix.
São Paulo : Estação das Letras e Cores ; Rio de Janeiro : Ed. Senac Rio de Janeiro, 2015.

Bibliografia
ISBN 978-85-68552-20-9

1. Administração 2. Criatividade em negócios 3. Empreendedorismo 4. Moda 5. Moda – Marketing 6. Produtos de marca – Marketing 7. Sucesso em negócios I. Dix, Luis Tadeu. II. Título.

15-09411   CDD-658.4012

ESTAÇÃO DAS LETRAS E CORES

Direção Editorial
Kathia Castilho

Conselho Editorial
Ana Paula Celso de Miranda, Ana Claudia Mei Alves de Oliveira, João Ciacco, Maria Carolina Garcia, Maria de Fátima Mattos, Mônica Moura, Sylvia Demetresco, Tula Fyskatoris

Estação das Letras e Cores
Rua Cardoso de Almeida, 788/144
Perdizes – São Paulo
CEP: 05013-001 – SP
Tels.: 55 11 4191-8183 | 4191-8668
www.estacaoletras.com.br
contato@estacaoletras.com.br
facebook.com/estacaodasletrasecoreseditora

Editora responsável
Tula Fyskatoris

Produção editorial
Marcelo Max

SISTEMA COMÉRCIO-RJ SENAC RJ

Presidente do Conselho Regional do Senac RJ
Orlando Diniz

Diretor do Sistema Comércio
Orlando Diniz

Diretor Geral do Senac RJ (em exercício)
Marcelo Jose Salles de Almeida

Conselho Editorial
Ana Paula Alfredo, Wilma Freitas, Daniele Paraiso, Manuel Vieira e Karine Fajardo

Editora Senac Rio de Janeiro
Rua Pompeu Loureiro, 45/11º andar
Copacabana – Rio de Janeiro – CEP: 22061-000 – RJ
comercial.editora@rj.senac.br
editora@rj.senac.br – www.rj.senac.br/editora

Publisher: Daniele Paraiso
Editora: Karine Fajardo
Prospecção: Emanuella Feix, Manuela Soares e Viviane Iria
Produção editorial: Ana Carolina Lins, Camila Simas, Cláudia Amorim, Jacqueline Gutierrez, Raphael Ribeiro e Thaís Pol

---

Direção, edição de arte e projeto gráfico: Marcelo Max
Ilustrações: Wanda Marques
Capa: Cicero Castilho Cunha
Revisão: Márcia Moura e Jacqueline Gutierrez

1ª edição: novembro de 2015 – Impresso pela Gráfica e Editora Stamppa Ltda.

À minha mãe, *in memoriam*, e ao meu pai que se dedicaram
incondicionalmente à minha educação e à de meu irmão.

Carla Marcondes Sayeg

"Dix, você precisa escrever um livro."
Quanto vale ouvir um bom conselho!
Por isso mesmo, dedico, primeiramente,
a quem me deu esse conselho, o professor
e amigo Djalma de Pinho Rebouças de Oliveira,
e a toda minha família.

Luis Tadeu Dix

AGRADECIMENTOS

Quando fui convidada a escrever e dar a minha contribuição para este livro, sabia que transformar a minha experiência profissional e acadêmica em textos não seria uma tarefa fácil, ainda mais pelo convite ter sido feito por um homem tão talentoso, de grande caráter e com vasta experiência profissional. O que eu não imaginava é que a vida traria tantos desafios que me obrigariam a me afastar deste grande projeto. Por várias vezes pedi a ele que colocasse o convite feito a mim à disposição de outras pessoas, mas tive o privilégio de contar com a inquestionável paciência e confiança de meu amigo Luis Tadeu Dix, que esperou o tempo necessário para que pudéssemos, juntos, publicar este livro. Tadeu, eu não tenho palavras para expressar a minha gratidão por você ter esperado esses anos todos para a realização desse grande sonho. Obrigada por ter sido um amigo tão fiel.

Agradeço ao meu marido, Ricardo, um ser humano de uma inteligência excepcional e autor de vários livros, que serviu de inspiração para eu levar este projeto adiante. Obrigada por ter dedicado algumas horas de seu escasso tempo para refletir sobre minhas palavras. Eu te amo muito. Agradeço também aos meus filhos, por entenderem a minha profunda dedicação ao livro.

Airton Embacher, meu eterno professor e amigo: obrigada por ter sempre acreditado em meu potencial e ter ajudado, tantas vezes, na minha caminhada profissional.

Uma amiga especial e companheira profissional, Wanda Marques, contribuiu muito para que este livro desse certo. Sou grata pela oportunidade da troca de experiências e pelas ilustrações apresentadas aqui.

Agradeço a Deus por sempre estar ao meu lado e guiar a minha vida.

Aos amigos e especialistas que, direta ou indiretamente, ajudaram a aprimorar esta obra, o meu muito obrigado.

Carla Marcondes Sayeg

Este livro não seria possível sem a colaboração, o profissionalismo e o interesse de todos estes amigos em compartilhar conhecimentos.

Airton Embacher
Alan Grabowsky
Alfredo Canteli
e amigos do Centro da Wanderley
Arilson Pereira Vilas Boas
Bruno Kourroski
Claudio Pessanha
Diego Thurman
Eduardo Buarque de Almeida
Eleni Kronka
Evandro Lima
Fausto Hirata
Heloisa Omine
Jô Souza
João Braga
Juliana Gama
Karol Sapiro
Kiki Ferreira
Lilica Cesar de Mattos
Maria Luiza Leal
Miriam Levinbook
Otavio Pereira Lima
Patricia Sant'Anna
Roberto Ethel
Wanda Marques
Wisam Kamel

Agradeço, em especial, à professora e amiga Lilian Tozzato, a tolerância e paciência durante todo o processo de escrita deste livro.

Luis Tadeu Dix

SUMÁRIO

Apresentação
por Eduardo Buarque de Almeida   12

Introdução   16

Capítulo 1
O Gerente de Produtos de Moda   24

Capítulo 2
Ambientes de marketing de moda   38

Capítulo 3
O comportamento do consumidor de moda   54

Capítulo 4
Pesquisa de marketing em moda   70

Capítulo 5
Desenvolvimento de coleção e de produtos: o processo   82

Capítulo 6
Gestão de produtos: decisões de mix de produtos   122

Capítulo 7
Gestão de preços em moda   148

Capítulo 8
Gestão da comunicação integrada da marca de moda   160

Capítulo 9
Gestão dos produtos no ponto de venda   184

Capítulo 10
Planejamento de lucros e perdas em moda   198

Considerações finais   208

Referências   214

APRESENTAÇÃO

por Eduardo Buarque de Almeida

Executivo internacional de marketing. Sócio Diretor da TMG Capital. Foi professor na Fundação Getulio Vargas (FGV), formando gerações de profissionais na área.

No final dos anos 1950 e começo da década de 1960, surgiram, no Brasil, as primeiras iniciativas em implantação da Gerência de Produtos em subsidiárias brasileiras de multinacionais de bens de consumo. Não importa quem iniciou o processo: Gessy-Lever, Swift-Armour, Johnson & Johnson, Nestlé, Colgate-Palmolive, Kolynos, Pfizer, Gillette, Kibon (General Foods) ou Anderson Clayton, entre outras. Pela primeira vez, jovens oriundos das nascentes escolas de Administração de Empresas, bem como de cursos de Economia e de Engenharia, começaram a ser recrutados como trainees, recebendo treinamento nas diversas áreas das empresas. Em particular na de Marketing, em funções de pesquisa de mercado, propaganda, promoção de vendas, embalagem, desenvolvimento de produtos e certamente em vendas.

Com essa bagagem profissional, aliada à formação acadêmica, em poucos anos tornaram-se os primeiros gerentes de produtos ou de marcas. Muitos atingiram, após uma ou duas décadas, posições de diretoria executiva ou de CEOs no Brasil e no exterior. Vale ressaltar que o modelo acabou sendo adotado pelas maiores empresas de bens de consumo de origem brasileira e, da mesma forma, estendido para diversas outras indústrias, como a financeira, de bens industriais, varejo, de serviços em geral, tecnologia de informação, têxtil e de confecções.

Recém-chegado do programa de mestrado nos Estados Unidos, como antigo estagiário e trainee na Anderson Clayton, a empresa convidou-me para trabalhar com colegas mais velhos e experientes como gerente de produtos júnior. Sob a liderança de calejados executivos de Marketing norte-americanos, com longa experiência no exterior na Procter & Gamble e na Colgate-Palmolive, fui enviado para treinamento na matriz norte-americana e em empresas de pesquisa de mercado e de propaganda.

Após alguns anos, veio a vontade de trocar ideias e experiências com meus antigos professores da Escola de Administração de Empresas de São Paulo, da Fundação Getulio Vargas (EAESP-FGV), quando percebi haver espaço para criar uma ponte entre as matérias tradicionais de marketing e a sua aplicação prática no mercado de trabalho. Após experiência adicional em produtos de higiene pessoal e em bens de consumo durável, em duas outras empresas multinacionais, prestei concurso e ingressei na EAESP-FGV com a missão de criar o primeiro curso de Gerência de Produtos (GP) no Brasil, a convite dos saudosos mestres Raimar Richers e Affonso Arantes. Desde então, nunca mais perdi o contato direto com a Gerência de Produtos, seja como executivo em empresas, seja como consultor.

Luis Tadeu Dix, meu amigo e ex-colega, fez parte das primeiras turmas do curso de GP que passei a ministrar aos alunos de graduação e de pós-graduação da FGV na década de 1970. Desde cedo, demonstrou entusiasmo pela matéria, transformando-se num respeitado e bem-sucedido profissional de marketing. Após ingressar na indústria de moda, tornou-se professor na Universidade Anhembi Morumbi, entre outras, e referência como mestre e consultor. Juntamente com Carla Marcondes Sayeg, decidiu empreender a difícil e fascinante tarefa de transformar anos de experiência e de pesquisa em moda num livro-texto moderno e instigante.

Embora existam semelhanças com as práticas do GP tradicional das empresas de produtos de consumo, em particular no tocante às funções de planejamento, coordenação e controle, os aspectos de natureza comportamental e posicionamento da indústria de moda, aliados a ciclos de vida por vezes de curta duração, exigem atributos especiais dos gerentes de produtos. Somente na indústria de cosméticos e de cuidados pessoais é que encontramos certo paralelismo. A gestão de moda exige muito mais que lindas planilhas em Excel ou apresentações em PPT. A pesquisa, principalmente qualitativa, e a busca incessante de tendências e de inovação exigem gestores antenados e completamente alinhados com as demandas de seus segmentos de consumidores-alvo.

Apresentação

Os diversos cursos de Moda – da graduação ao doutorado e de extensão também – têm papel fundamental no ensino e divulgação das técnicas de administração aplicadas à indústria de confecções e, de modo específico, ao universo da moda. Com a ascensão social de uma nova classe média, a divulgação quase instantânea de novas tendências e padrões de consumo e a melhoria de renda das mulheres que trabalham fora de casa, criou-se uma nova demanda habilmente identificada pelas instituições de ensino que passaram a formar profissionais cada vez mais qualificados e ligados a esta realidade.

Assim, o momento não poderia ser melhor para o lançamento deste livro, graças à aceitação crescente do país como centro irradiador de moda, reconhecido e admirado em todo o mundo e, igualmente, pela magnitude que a Gerência de Produtos em Moda tem alcançado no mercado brasileiro.

INTRODUÇÃO

Até recentemente, na mentalidade empresarial brasileira da área de Moda, residia a ideia de que os fundadores e/ou titulares das empresas eram os responsáveis por todas as etapas do ciclo produtivo desde o fornecimento de matérias-primas até a comercialização dos bens aos consumidores finais no ponto de venda (PDV).

O empresário de moda encarregava-se da gestão de todo o projeto, e os colaboradores da empresa eram (meros) auxiliares nas atividades fins do negócio ou prestadores de serviços nas atividades meio que, não raramente, eram terceirizadas.

Todavia, no cenário atual da globalização, da acirrada competitividade e da sociedade de informação, as empresas de moda tiveram de inovar nos processos gerenciais para subsistir. Para se adequar aos novos desafios, investiram em novos equipamentos, em tecnologia e, principalmente, em profissionais mais qualificados.

Do bojo desse processo de profissionalização da indústria da moda emergiu um profissional dinâmico, o Gerente de Produtos de Moda, aqui denominado GPM, que desponta como figura primordial na gestão das equipes de trabalho multidisciplinares sujeitas a rápidas mudanças e desafios constantes.

Diante disso e das inúmeras incertezas que nos cercam, e tendo por base nossa experiência como professores em nível de graduação e pós-graduação, bem como nossas vivências profissionais, consideramos oportuno lançar este livro que, esperamos, se torne uma fonte de referência para a área de Moda que trata deste profissional, o GPM.

No Capítulo 1, **O Gerente de Produtos de Moda**, abordamos os principais desafios dessa função, e, assim, você poderá constatar se tem (ou pode vir a ter) as competências para ser um GPM.

O GPM é um profissional encarregado das estratégias de Marketing de produtos. Sua atuação tem que dar conta do mercado, do cliente e do lucro da empresa. Para isso, o GPM deve ter autoridade e responsabilidade, assim como capacidade de relacionamento com todas as áreas da empresa, habilidade de negociação, formação acadêmica e experiência profissional compatíveis com o exercício dessa função.

O maior desafio do GPM é manter-se atualizado diante das frequentes, súbitas e drásticas mudanças de ambientes, como políticas governamentais, planos econômicos, ascensão de artistas e atletas, enfim, todos e quaisquer acontecimentos que possam ter influência na empresa e no seu desempenho.

O Capítulo 2, **Ambientes de marketing de moda**, compreende os fatores que interferem nos ambientes externos e internos, e, igualmente, afetam o comportamento dos mercados estrangeiros e locais, com reflexos na empresa de moda e nos respectivos resultados.

É importante destacar que os ambientes externos são suscetíveis às oportunidades e ameaças que atingem todas as empresas de moda, inclusive as concorrentes; os ambientes internos dizem respeito às fortalezas e fraquezas da empresa no enfrentamento com tudo o que vem de fora.

O consumidor final de moda também é influenciado por fatores externos (cultura, família, redes sociais etc.) e interpessoais (personalidade, estilo de vida, percepção e motivação, entre outros). Com as mutações constantes, próprias da moda, o consumidor anseia pelas mudanças nos produtos de tempos em tempos.

O Capítulo 3, **O comportamento do consumidor de moda**, trata sobre os aspectos que podem motivar a decisão de compra do consumidor, tendo em vista um modelo que permita planejar melhor, a cada estação, a quantidade e o *timing* de lançamento, assim como o desenvolvimento da própria coleção.

Diante disso, o GPM ganha um papel central na indústria da moda, ligado aos sistemas de informação e de inteligência de marketing, bem como à administração de um projeto de pesquisa, sobre o qual deve exercer total domínio – desde o briefing, com todas as informações pertinentes para definir o problema de marketing, à definição das etapas para a tomada de decisões e alcance dos objetivos.

O Capítulo 4, **Pesquisa de marketing em moda**, propõe diferenciar um GPM da função de um "pesquiseiro" e conta ainda com um documento que dá início ao projeto de pesquisa.

O Capítulo 5, **Desenvolvimento de coleção e de produtos: o processo**, é o primeiro de dois capítulos inteiramente dedicados ao produto. Mas aqui o detalhamento exaustivo do processo de desenvolvimento de coleção e de produtos ganha destaque. Além disso, há espaço para entender melhor a importância e a confecção da ficha técnica.

A moda tem características próprias para classificar produtos. No lançamento de coleções de moda em consonância com as estações do ano, o conceito de ciclo de vida de produto é significativo para que uma operação seja lucrativa e não haja estoque excessivo, com prejuízos à empresa. Assim, há um exaustivo processo de desenvolvimento de coleções e de produtos, e, por conseguinte, é fundamental a atenção redobrada para a ficha técnica, que servirá de gabarito tanto para a produção quanto para os aspectos financeiros dos custos das matérias-primas utilizadas, da mão de obra direta e indireta, do que é terceirizado, dos impostos, entre tantos outros fatores.

Nesse capítulo você encontrará também o perfil profissional do GPM no que se refere aos produtos em si, isto é, às tarefas vitais para que os produtos correspondam às expectativas dos consumidores.

É importante observar que a Gerência de Produtos de Moda requer a intervenção no processo industrial e criativo e no desenvolvimento de coleções e de produtos, o que torna esse profissional imprescindível para os resultados esperados pela empresa. As razões dessa importância estão ligadas às necessidades do mundo globalizado e da alta velocidade de informações, o que obriga à melhoria constante da produtividade de qualquer processo que pressupõe a atualização do conceito fundamental do Composto de Marketing, a importância de se desenvolver um produto respeitando visão, missão e valores da empresa de moda, e a valorização do cronograma de atividades, o que envolve também flexibilidade.

Cabe reconhecer ainda as transformações pelas quais passou a função de GPM ao longo dos tempos. Logo, esse profissional é vital para que a empresa e seus bens correspondam às expectativas do mercado, dos clientes e, claro, aos objetivos do empreendedor e seu negócio.

Da gestão de produtos e nas decisões sobre o mix de produtos surge a ênfase num novo conceito de produto que compreende a abrangência, extensão, profundidade e consistência. Como alerta Lipovetsky (1989), a moda é efêmera por natureza, sendo assim, a alternância de coleções (primavera/verão, alto verão, outono/inverno e alto inverno) segundo as estações do ano implica uma "família" de produtos e decisões, como: as especificidades de cada "membro da família"?; a análise do mix de produtos dos segmentos masculino e feminino; e a introdução do conceito de *Stock Keeping Unit* (SKU), primordial para a gestão de estoques e lucratividade de cada produto (modelagem, tamanho, cor), dados fundamentais para o cálculo do custo dos produtos que compõem dada coleção.

O Capítulo 6, **Gestão de produtos: decisões do mix de produtos**, dá ênfase justamente a esse conceito moderno de produto e torna evidente que a gestão de produtos pressupõe ter domínio sobre a comunicação, como também há a necessidade de criar um manual de identidade da marca.

A administração de preços contempla a precificação dos produtos de moda, num ambiente por definição mutável com lançamento de coleções, liquidações, fast-fashion etc., e a análise do impacto financeiro sobre o preço final do produto considerando o tempo médio de desenvolvimento para cada produto.

Para além dos aspectos puramente quantitativos, o preço não deve ser fixado apenas pelos aspectos qualidade/quantidade, mas, sobretudo, com base nos objetivos de marketing, tendo em vista os aspectos da determinação do custo-alvo. Desse modo, a fixação do preço deve levar em conta também os fatores que afetam o comportamento do consumidor, como decisão de compra, percepção de preço-referência, inferência de preço e qualidade. A técnica de fixar preço é denominada *mark-up*, e este pode ser determinado sobre os custos ou preço de venda.

O Capítulo 7, **Gestão de preços em moda**, contempla a precificação dos produtos de moda, num ambiente por definição mutável com lançamento de coleções, liquidações, fast-fashion etc., e a análise do impacto financeiro sobre o preço final do produto considerando o tempo médio de desenvolvimento para cada produto.

Para além das características puramente quantitativas, o preço não deve ser fixado apenas sob a persperctiva qualidade/quantidade mas, sobretudo, com base também nos objetivos de marketing, tendo em vista os aspectos da determinação do custo-alvo.

O Capítulo 8, **Gestão da comunicação integrada da marca de moda**, revela a importância da comunicação para diferenciar o produto e a marca com base na percepção de valor que o mercado atribui ou não.

Sabe-se que a empresa não vende somente um produto, mas benefícios e expectativas que esse produto pode oferecer. O valor dos benefícios atribuídos à marca é transmitido pela comunicação integrada. A comunicação tem várias formas que compreendem desde a venda pessoal, ou seja, a comunicação direta entre vendedor e consumidor, à comunicação indireta, como propaganda, promoção de vendas, patrocínio, assessoria de imprensa, relações-públicas e redes sociais. A comunicação integrada de marketing tem características que devem ser respeitadas no cenário atual da moda. Nesse sentido, existe um processo de criação de valor da marca. Uma vez conhecido esse processo, cada mídia oferece um potencial a ser explorado, conforme suas características para criação do valor percebido. É primordial reconhecer que a comunicação de marketing não é jornalismo de moda – ela existe para influenciar o comportamento do mercado e torná-lo favorável à marca.

Daí que a ação do GPM e a escolha do PDV têm como consequência duas opções de operação: a visão do varejo quanto à indústria e a visão do varejo considerando sua própria operação. O varejo, com suas regras próprias, apresenta um composto de marketing específico, que complementa o da indústria, tendo como característica principal a missão de influenciar a decisão de compra do cliente que está na loja ou diante do computador. O maior desafio do GPM para a operação de varejo é administrar a rentabilidade do estoque, por isso é necessária a eficácia na compra, na gestão do giro e na fixação dos preços. Essa visão das características de uma operação de varejo sob o aspecto da indústria é complementada pela perspectiva de uma operação do próprio varejo. Nesse caso, as funções de um GPM consistem em planejar utilizando as informações dos indicadores operacionais, desenvolver o produto com apoio multidisciplinar das demais áreas, negociar interna e externamente à empresa, e gerenciar para que os planos e decisões predeterminados sejam cumpridos e as metas alcançadas.

O Capítulo 9, **Gestão dos produtos no ponto de venda**, ressalta essas duas opções de operação: a visão do varejo quanto à indústria e a visão do varejo considerando sua própria operação. Este, com suas regras próprias, apresenta um composto de marketing de varejo, que complementa o da indústria, tendo como característica principal a missão de influenciar a decisão de compra do cliente que está na loja ou diante do computador. O maior desafio do GPM para a operação de varejo é administrar a rentabilidade do estoque, por isso são necessárias eficácia na compra, na gestão do giro e na fixação dos preços. Neste caso, as funções de um GPM consistem em planejar a partir das informações geradas pelos indicadores operacionais, desenvolver o produto com apoio multidisciplinar das demais áreas, negociar interna e externamente à empresa e gerenciar para que os planos e decisões pré-determinados sejam cumpridos e as metas alcançadas.

Especial atenção deverá ser dada ao modelo do processo de adoção de inovações, considerando porém, do ponto de vista da gestão de estoques, que, para cada fase do processo, há impacto no giro de toda a coleção.

O Capítulo 10, **Planejamento de lucros e perdas em moda**, apresenta esse importante instrumento que integra e finaliza o plano de marketing de cada produto e todo o mix a ser produzido e vendido.

A primeira informação necessária para se construir uma demonstração de lucros e perdas (L&P) é a projeção de vendas. A sequência detalhada de cada item de operação fabril, de vendas, das demais ações de marketing e de projeção de lucro tem a finalidade de criar a expectativa da diretoria e de toda a empresa para os lançamentos e sustentação de todas as coleções, tendo a flexibilidade de se alterar a cada trimestre para revisões ou a cada evento político ou econômico que exija ações rápidas das empresas. É importante ressaltar que a projeção de L&P é um instrumento que cria expectativas para todos, mas não é "uma bola de cristal".

Normalmente o produto de moda é diferenciado pela marca que, é um signo distintivo nominal, figurativo ou misto. Isso faz com que o GPM também se responsabilize pela expansão e manutenção da força da marca. Vale lembrar que na contemporaneidade a marca ganhou tanta dimensão que não raras vezes, especialmente na indústria de

Introdução

moda, agrega ao produto mais valor que o produto em si. Este fenômeno por si só demonstra a relevância da gestão da marca.

Com isso, pretendemos que no decorrer deste livro, *Gerência de Produtos de Moda*, as funções e responsabilidades de um GPM fiquem gradativamente mais evidentes. Para auxiliar seu aprendizado, você contará ainda com uma série de **Dicas**, ou seja, alertas, conselhos e orientações práticas para o desempenho da Gerência de Produtos de Moda que o profissional da área deve sempre revisitar. Essas dicas são resultado de nossas vivências e das conversas com profissionais da área.

Importante ressaltar aqui o privilégio de contar com a participação de dois desses profissionais, Eduardo Buarque de Almeida na apresentação, e Airton Embacher na contracapa deste livro. Eduardo foi o responsável por trazer ao país a função de Gerente de Produtos (GP). Em sua brilhante carreira profissional pôde vivenciar inúmeras experiências e casos de sucessos de diversos produtos, e na carreira acadêmica colaborou com a formação de várias gerações de profissionais de marketing, na Fundação Getulio Vargas, em São Paulo. Airton, com passagens profissionais vitoriosas em empresas de varejo de moda, fundou o portal Carreira Fashion, a maior empresa de Recursos Humanos do segmento de moda da América Latina. Além disso, dedica-se também ao ensino pela internet com cursos de formação e extensão na área de moda. Assim, nossos sinceros agradecimentos ao apoio desses profissionais.

E foi pensando em trazer essas experiências profissionais para perto de você que, ao longo do texto, incorporamos também alguns fragmentos das **Entrevistas** que realizamos com vários dos profissionais que, de alguma forma, têm proximidade com a Gerência de Produtos de Moda.

Vale ressaltar que este livro é o resultado de um intenso e contínuo processo de revitalização profissional. Nesse sentido, esperamos que possa colaborar para a reflexão e o melhor desempenho da função desafiadora de Gerência de Produtos de Moda e, igualmente, torne-se uma valiosa contribuição para o desenvolvimento dos profissionais de Marketing de Moda e, em especial, para o engrandecimento da função de GPM.

Tenha uma ótima leitura!

Carla e Luis Tadeu

1
O GERENTE DE PRODUTOS DE MODA

É bem provável que você tenha ouvido opiniões diversas sobre direitos e deveres de um Gerente de Produtos de Moda (GPM).

Por se tratar de uma função relativamente nova no mercado, o GPM tem sido alvo de diversas interpretações.

Em princípio, a experiência bem-sucedida dessa função vem de empresas voltadas aos produtos de consumo popular, porém, gradativamente, foi sendo incorporada pelos setores financeiros, farmacêuticos, entre outros. No tocante à Moda, a ação do GPM é recente e, por isso mesmo, dá margem a entendimentos diversos, ou seja, o diretor-presidente pode ter uma ideia e o diretor de produção, outra.

MARKETING

O GPM atua na área de Marketing, portanto, com foco no mercado e em negócios, e visa dar à empresa maior eficácia em suas operações comerciais. Nessa deve ser considerado o valor a ser agregado aos elementos do Composto de Marketing, os chamados "8 Ps" – Pessoas, Processo, Programa (Produto, Preço, Promoção e Ponto [ou Praça]) e Performance.[1]

Por conseguinte, a função de GPM está relacionada com:
- qualidade dos produtos e serviços;
- prazos estabelecidos para o seu desenvolvimento e comercialização;
- preços dos produtos para consumidores finais e respectivas condições de pagamento;
- marca, design, tamanho, formato e embalagem;

- posicionamento da marca e do produto para o mercado;
- canais de venda, pelos quais o produto chegará ao consumidor;
- quantidade da produção conforme as previsões de vendas;
- formação dos estoques de matéria-prima e de produto acabado;
- sistema logístico que disponibilizará o produto no ponto de venda (PDV) e no e-commerce;
- serviços de pós-venda, qualidade da entrega, relacionamento com o *trade*;
- elementos do SAC (Serviço de Atendimento ao Cliente);
- desenvolvimento e atualização do site da marca e dos produtos; e
- **seus clientes**, é claro!

São inúmeros os aspectos que influenciam a dinâmica dos negócios e obrigam a empresa a um esforço contínuo de buscar maior eficácia em suas operações, mas sempre nesse âmbito de atuação. E é importante ter em mente que esse processo é dinâmico com mudanças repentinas e constantes.

No processo de seleção, seja você o candidato ou o responsável pela escolha do profissional, aborde o assunto de como está estruturada a área (ou de como a empresa pretende estruturar) e o que se espera de um GPM. Discuta, troque ideias com a(s) pessoa(s) sobre esse assunto. Esse procedimento eliminará dissabores, pois a função do GPM é muito nova nas empresas de moda e é bem possível que mal-entendidos aconteçam com muita frequência. Há também diferenças no exercício e nas responsabilidades da função nos mercados de confecção e varejo. Mal-entendidos que se transformam em frustrações para a empresa e, também, para o GPM, do tipo... "Não sabia que era tão complicado fazer acontecer nesta empresa." Ou... "Esperávamos muito mais do novo funcionário, ele sabe muito, mas não consegue pôr em prática."

AUTORIDADE E RESPONSABILIDADE

Esse é o maior desafio de um GPM, seja qual for o mercado: alimentício, financeiro, eletrodoméstico, farmacêutico e... moda.

Cabe ao GPM a função de coordenar as atividades dos produtos sob sua responsabilidade, contudo, ele não tem autoridade sobre nenhum departamento responsável pela execução daquela atividade.

Explicando melhor: numa confecção, considere os canais de venda pelos quais o produto chegará ao consumidor. A definição do que vender nesses canais, para quem vender, em que quantidades, a que preço e condições de pagamento, prazo de entrega e detalhes logísticos são de responsabilidade das áreas de Vendas e Expedição; o GPM não tem autoridade sobre essas áreas, isto é, não tem poder de decisão, mas pode (e deve) influenciar e/ou ser influenciado.

Todavia, o GPM deve participar das definições de políticas comerciais e discutir com os outros departamentos as implicações sobre o produto.

Você, como GPM, deve fazer com que sua opinião seja ouvida, discutida e, se possível, acatada, mas não tem autoridade sobre a área que executará o plano, nesse nosso exemplo, de vendas.

A responsabilidade do GPM será sobre o desempenho do produto, por isso é primordial envolver-se em todas as ações que terão impacto em seu trabalho.

E é importante ressaltar que trabalho não vai faltar, mas se o GPM não colaborar com as decisões que afetarão o produto, há pelo menos quatro implicações:

- ninguém vai fazer por você;
- o produto ficará sem "comando e orientação";
- você será cobrado por isso; e
- "para que contratamos essa pessoa?" será o comentário geral.

RELACIONAMENTO COM OUTRAS ÁREAS

Missão impossível!

Ser responsável por um assunto, mas não ter autoridade sobre ele. Como fazer?

O resultado da ação do GPM depende diretamente – repetindo di-re-ta-men-te – da sua habilidade em se relacionar com todos os profissionais das outras áreas da empresa. De um GPM são exigidas inúmeras habilidades.

Competência no Assunto

É claro que o GPM precisa saber discutir a respeito de marketing, ter conhecimento sobre os "8 Ps", hábitos e estilos de vida de seus clientes e parceiros, concorrentes, tendências de moda, marcas famosas, celebridades no mundo fashion, quem são os profissionais que se destacam na área, formadores de opinião, mídia etc.

Da mesma forma, o GPM deve ter disposição para aprender os princípios operacionais das demais áreas – o "chão de fábrica", custos de produção, processo criativo e industrial do produto, rentabilidade de cada peça e de toda a coleção de acordo com tecidos e modelagens escolhidos, potencial de vendas de cada item, desenvolvimento de produtos e de embalagens, estratégia de comunicação, perfil profissional dos promotores de vendas, pesquisas de mercado necessárias. E muito mais...

Habilidade de Negociação

Discutir prazos com cada área envolvida com os produtos – a coordenação dos prazos entre as áreas é função direta do GPM.

O produto desenvolvido pelo protótipo terá um custo alto? Novos exemplares com outras opções de tecidos, modelagens e estilos serão desenvolvidos para tornar o produto competitivo? Esse embate desgasta o relacionamento e dá pouco prazo às outras áreas. A habilidade de negociar será fundamental nesses momentos.

Muitas vezes há problemas pessoais entre profissionais de duas ou mais áreas envolvidas. Essas divergências têm origem em opiniões profissionais diferentes ou em pura vaidade pessoal.

Fique atento: você não pode deixar esses problemas comprometerem os resultados de seu trabalho.

Poder de Persuasão

O GPM precisa convencer as demais áreas de que seus planos, prazos, restrições e orçamentos precisam ser cumpridos por todas as outras áreas envolvidas. É bem possível que haja resistências – operacionais e pessoais – que possam prejudicar os resultados das áreas.

Vale lembrar que, na maioria das vezes, os prazos não são cumpridos – promete-se entregar numa data, mas as entregas começam uma ou duas semanas depois.

O Gerente de Produtos de Moda

Cuidado! Em exportações e negociações internacionais, o prazo e as condições de entrega são sa-gra-dos. A matriz da importadora recebe a mercadoria, despacha para sua rede de lojas e inicia todo um esforço de comunicação e vendas nas lojas, tudo isso em prazos definidos e muito curtos e com verbas altas de propaganda, visual merchandising, treinamento de vendedores, planejamento financeiro etc.
Nesse caso, se houver atraso de um dia – não importa a causa, nem de quem é a culpa –, o cliente não recebe a mercadoria, não paga e nunca mais compra da empresa. O prejuízo? É claro que é da empresa que não cumpriu o combinado. O Brasil tem a péssima fama internacional de não cumprir prazo nem condições de entrega, isso sem falar na falta de padrão de qualidade dos produtos.

Firmeza

Ser hábil negociador não significa ser flexível demais, colocar "panos quentes", contemporizar, "fazer jogo político" com quem tem poder na empresa, ceder às exigências das pessoas mais agressivas nas discussões (aquelas que já começam falando alto, querendo se impor no grito).

Se você estiver convicto de seu plano, não deve abrir mão de suas convicções nem tolerar desculpas (do tipo "não tive tempo"... "não deu").

Respeitar cronograma é função do GPM. Você deve promover semanalmente reuniões para coordenar as atividades de todos os envolvidos e juntos devem fazer os ajustes que julgarem necessários.

Ao estabelecer um cronograma, é bem provável que num primeiro momento haja falhas que devem ser (urgentemente) corrigidas. À medida que essa prática se tornar usual, tenha certeza de que surgirão progressos. O líder precisa levar as pessoas a agirem certo e deve, ainda, promover o crescimento profissional dos seus subordinados. Negociar não é fraqueza, é realidade.

Comunicação

Quantas pessoas conhecemos que são incapazes de comunicar o que querem?

Há pessoas que preferem falar, enquanto outras gostam de escrever.

O GPM comunica-se com várias pessoas de níveis intelectuais, experiências e conhecimentos distintos; umas com boa vontade, outras nem tanto assim; algumas entendem de marketing, outras sem tanto conhecimento podem interpretar o que é preciso fazer de maneira diferente da proposta.

Portanto, você como GPM tem de se aperfeiçoar na arte de se comunicar. A internet dificulta muito, as pessoas têm preguiça ou são inábeis para comunicarem seus pensamentos. E a tendência é que a forma de comunicação piore. Falada ou escrita, a comunicação profissional não dispensa os "4 Cs" – clara, curta, completa, concisa –, assim, com objetividade, não deixará dúvidas, do presidente ao motoboy.

Na comunicação via internet, ao escrever um texto, releia-o com cuidado e tenha em mente que este sempre pode ser melhorado. Ao receber um texto, se tiver dúvidas ou discordar de algo, questione!

"Se ligue!"

O GPM é um agente de mudanças na empresa – de processos, de mentalidade, de pessoas, de programas, de performance, de tecnologia, de atitudes para com os desafios competitivos.

Essa responsabilidade exige que o GPM seja antenado, não apenas em moda, mas principalmente em tendências de comportamento, tendências das mídias e das artes, o que se usa *versus* o que não se usa mais, quais as personalidades da mídia, o que acaba de ser lançado em Londres, Milão, Paris, Nova York, o talento em evidência etc.

Sua presença e seu estilo de trabalho precisam fazer a diferença na empresa.

O QUE O GPM NÃO É

Você não é um gerente de produção. Não é um comprador. Não é um vendedor.

Por exemplo, uma vez definidas pelo GPM (ou diretoria) a embalagem, a quantidade a ser comprada e as datas de entregas, a responsabilidade é do departamento de Compras pelo suprimento desses itens nas quantidades e nos prazos estabelecidos. Não é você que tem de correr atrás dos fornecedores se algo vai mal; são os responsáveis por aquela função.

O GPM não é um Relações-Públicas que precisa estar de bem com todos. Seu cargo exige, antes de tudo, que saiba o que fala, que defenda suas opiniões, que honre compromissos estabelecidos com os colegas das outras áreas e parceiros comerciais. Não "enrole": deu a palavra, cumpra!

O GPM tampouco é um assistente da presidência (ou diretorias).

Cuide para que o GPM não seja percebido na empresa como um "assistente de luxo". Boa parte do que um GPM consegue realizar na empresa é resultado de seu talento pessoal. Procure fazer com que as pessoas percebam quais são as atribuições dessa função, ainda que a empresa já tenha definido direitos e deveres (lembre-se: papel aceita tudo!). Não cabe às áreas de Produção, Finanças, entre outras, saber o que é um GPM e o que ele faz (a função pertence à área de Marketing). Caberá à empresa orientar e motivar o GPM e, a você, GPM, demonstrar isso com seu trabalho.

O GERENTE DE PRODUTOS DE MODA: IGUAL, MAS DIFERENTE

Em indústrias de outros setores, com tradição na função de Gerente de Produtos (GP), o setor fabril pertence à organização, é parte interna da empresa, quem trabalha no setor produtivo é funcionário da empresa. Assim, a responsabilidade do GP é relacionar-se com os setores de produção como colegas de trabalho.

Na indústria da moda, muitas confecções de renome – quase uma regra de mercado – terceirizam sua produção, isto é, a empresa desenvolve a coleção, os produtos e as peças-piloto, mas a produção propriamente dita é feita por outras empresas – microempresas, faccionistas, costureiras etc. que não pertencem ao quadro de funcionários.

Isso gera velocidade, rapidez, menores custos finais dos produtos, mas também acarreta problemas, como a dificuldade em manter o padrão de qualidade dos produtos (e da marca).

O relacionamento com os terceiros é outro grande desafio de um GPM.

É fundamental que o GPM institua programas de orientação, aperfeiçoamento, incentivos, prêmios entre os fornecedores para que estes se orientem pelos padrões preestabelecidos pela empresa e, se possível, até os aperfeiçoem.

FORMAÇÃO PROFISSIONAL

Nas empresas de produtos de consumo, a função já é conhecida há tempos, mas, na Moda, as primeiras experiências começaram somente há alguns anos, na transição do "fashion para business".

Sendo assim, será muito comum encontrarmos na função engenheiros, ou mesmo pessoas com experiência e talento para fazer acontecer na empresa, mas sem formação acadêmica e, ainda, sem conhecimento de Marketing de Moda.

A formação ideal para um GPM compreende disciplinas ligadas à área de Marketing – Administração, Marketing e Negócios da Moda. Lembrando que a função está atrelada à realidade e às mudanças de mercado, ao comportamento do consumidor, às vantagens competitivas e de vendas, ao lucro... em Moda.

Portanto, se na empresa há pessoas na função de GPM, os programas de treinamento em Marketing possibilitam um salto qualitativo de desempenho.

Muito do valor e importância que cabe ao GPM diz respeito às soluções dos desafios que o mercado exige, ou seja, de fora da empresa para dentro. Se você perceber que seu trabalho se limita às ações dentro da empresa (coordenação entre áreas, estabelecimento de datas, cumprimento dos prazos, correr atrás dos problemas internos etc.), pode ter certeza de que será um profissional de nível mediano, pois os desafios do mercado – os externos à empresa – são os que mais exigem e os que sempre estão à espera de quem os enfrente e solucione.

PERFIL

Ainda não há um perfil previamente definido para a função de GPM.

Cada empresa deverá definir o perfil de GPM adequado ao seu contexto: empresa familiar ou transacional; matriz com ou sem filial; vários segmentos de mercado ou concentração de mercado; ampliação da linha de produtos ou melhoria de rentabilidade; confecção, varejo ou serviço; organização das funções comerciais; implantação da função na empresa ou substituição de funcionário, e assim por diante.

Se estiver num processo de seleção para uma empresa, ou se for escolher um novo funcionário para a função, tenha essa definição muito clara, para não correr o risco de decidir pelo lado sentimental ou monetário: "Fui com a cara dele"."Pagam bem".

O QUE O GPM PODE OFERECER A MAIS

No Marketing, o desafio de percepções sempre foi uma constante.

Cada empresa responde à sua maneira aos desafios externos do mercado, bem como tem um estilo gerencial próprio de gestão. Tudo depende das pessoas que atuam nela.

Há as definições da empresa para a função, há as expectativas do próprio profissional, mas tudo isso é resultado de situações históricas que ajudaram a aperfeiçoar o trabalho do GP ao longo de décadas.

É fato que sempre há um espaço que a empresa oferece e que cabe ao profissional ocupar, baseado na percepção que você tem da sua função.

Consequentemente, o seu valor na função advém do resultado daquilo que você percebe no tocante ao que a empresa oferece de oportunidade para seu crescimento profissional, além do que foi combinado.

Em algumas empresas, pode ser dominar outros idiomas; em outras, conhecer a estrutura de custos de uma nova linha de produtos. É importante estar atento!

PROBLEMAS DE DESEMPENHO

Devem ser tratados periodicamente. A empresa e você (sem medo de perder o emprego) devem avaliar o desempenho e resultados periodicamente, digamos, a cada três meses. Numa reunião é importante discutir as expectativas satisfeitas e não satisfeitas de ambas as partes. Isso não é tarefa simples, mas, após as primeiras reuniões, acertam-se o conteúdo, ritmo e expectativas.

Especialmente nos primeiros meses da convivência empresa/funcionário, as arestas surgirão e devem ser negociadas claramente. Nada pior que "deixar para amanhã o que deve ser resolvido agora".

A Figura 1.1 detalha os resultados de um teste da aplicação das habilidades necessárias para um GPM. As respostas são consequência da autoavaliação, isto é, como as pessoas se veem para exercer a função de GPM.

Então, observe a autoavaliação do Fernando (1) e a do José (5). Fernando se autoavalia de maneira positiva e mais assertiva que José, que desconhece suas próprias habilidades. Poderíamos questionar Fernando que se acha hábil negociador, mas desconhece sua capacidade de persuasão. Você decide: do grupo, quem você contrataria?

	1	2	3	4	5	6	7	8	9	10	11	12	13	14
Habilidades de negociador	+	+	+	+	+	?	+	+	+	+	+	+	+	+
Facilidade de relacionamento	+	+	+	+	?	?	+	+	+	+	?	+	+	+
Capacidade de persuasão	?	?	+	?	?	?	+	+	?	+	+	?	+	?
Senso crítico e espírito criativo	+	-	?	?	?	?	+	+	+	+	+	+	+	+
Disposição para assumir riscos	+	+	?	?	?	?	+	+	?	+	?	+	+	+
Formação superior	+	+	+	?	?	?	?	+	?	+	+	+	+	+
Conhecimento de outros idiomas	+	+	-	+	?	+	-	+	-	+	-	-	+	-

Figura 1.1: Gerência de Produtos: perfil de habilidades

1 - Fernando	2 - Eliana	3 - Daniela	4 - Giuliano
5 - José	6 - Rodrigo	7 - Arnaldo	8 - Edgard
9 - Elen	10 - Janaína	11- Mauro	12 - Ana Carolina
13 - Claudia	14 - Evandro		

A recomendação é para que você tenha a humildade de se conhecer – quais são suas reais habilidades e no que você precisa melhorar? Em que você é bom e no que ainda precisa melhorar?

PARA NÃO PERDER DE VISTA!
Em especial, após a abertura de mercado às importações promovida a partir do Plano Color (1990), a indústria da moda passou por inúmeras transformações, entre as quais a profissionalização. Todavia, não há um único caminho a seguir. Há empresas que administram marcas que compram a operação de uma confecção para atuar em novo segmento de mercado; há empresas transacionais que aplicam no Brasil modelos que adotam em suas filiais no exterior; outras empresas brasileiras praticam os modelos internacionais adaptando-os às condições internas; e há ainda aquelas que inovam à sua maneira, como um músico que "toca de ouvido". Ou seja, o mercado oferece inúmeras e distintas oportunidades para o GPM.

É fato que a função de GPM, alvo de mudanças constantes, cresce em importância dentro das empresas.

Não se esqueça: você é parte dessa mudança!

Angela Valiera* esclarece com propriedade sobre o perfil e os desafios na atualidade do GPM:

> Hoje, a internacionalização e as mudanças no mapa-múndi da moda representam o maior desafio para o Gerente de Produtos de Moda. O GPM não pode mais pesquisar moda somente em Paris, Milão, Londres e Nova Iorque. O foco da pesquisa não é só a concorrência, mas acima de tudo o comportamento dentro dos diferentes *lifestyles*. Assim, da mesma forma que os estrangeiros vêm pesquisar comportamento e moda em São Paulo, os brasileiros devem estar atentos à Espanha, à Austrália, ao Japão, à Turquia, ao mundo árabe, à América Latina, entre outros grandes centros. O comportamento e a moda são globalizados e esse deve ser o foco das pesquisas. A moda não tem mais fronteiras. A habilidade de negociação internacional, o entendimento para trâmites de importações e conhecimentos em mandarim, bem como a disponibilidade para viajar para a China e, em alguns casos,

estabelecer escritórios próprios ou parceiros lá, têm sido uma necessidade frequente para o Gerente de Produtos.

Para os que querem atuar em marcas estrangeiras, além do inglês, a língua espanhola também se tornou uma exigência, uma vez que as marcas têm filiais em países da América Latina. Assim, o GPM de empresas brasileiras em expansão deve ter conhecimento de espanhol, pois as marcas, privilegiando a logística, têm crescido primeiramente para os países vizinhos. O profissional que quer ampliar seus horizontes não pode mais negar esse fato.

Até alguns anos atrás, um curso universitário era garantia de conseguir um bom emprego. Depois, os cursos de graduação se tornaram mais acessíveis e o mercado passou a exigir uma especialização e inglês fluente. Mais tarde, o mercado começou a pedir também MBA. E as exigências não param de crescer.

Vivemos um momento em que todos têm acesso ao conhecimento e à informação, por isso apenas bons cursos não são mais o suficiente. É preciso também se preparar profissionalmente e planejar os passos da carreira para que ela se torne um percurso de sucesso com objetivos claros e alcançáveis.

Atitude é o que as empresas procuram hoje. O comportamento adequado, a inteligência emocional e a preparação profissional por meio de processos de *coaching* e *counseling* têm sido o grande diferencial do Gerente de Produtos.

Todas as semanas recebo GPs para processos de *counseling* de carreira em moda, preocupados em aprimorar-se comportamentalmente como profissionais, em fazer marketing pessoal de maneira adequada e em planejar suas carreiras. Essas pessoas têm sido analisadas pelas empresas com um outro olhar, o olhar de que são profissionais focados no sucesso deles e das empresas em que trabalham e, por isso, têm se destacado internamente."

* Angela Valiera é Fashion Career Counselor e Executive Coach. Mais de 20 anos de atuação em moda atendendo a todos os elos da cadeia têxtil.

NOTA

[1] Kotler e Keller (2012) propuseram uma nova leitura do Composto de Marketing, na qual acrescentaram aos conhecidos "4 Ps" mais quatro variáveis: Pessoas, Processo, Programa e Performance.

2

AMBIENTES DE MARKETING DE MODA

Nanotecnologia, fio têxtil que reduz celulite, "ouro do Marrocos" para cabelos, iPad, iPhone, blogs, redes sociais como Facebook, LinkedIn, Instagram, Twitter, economia globalizada (importante lembrar da China), câmbio flutuante, cultura, tribalismo, atitudes de consumo, formadores de opinião, rede de lojas, e-commerce, übersexual, masstige, fast-fashion, coolhunting, entre outros, são alguns dos aspectos que provocam constantes e intensas mudanças no comportamento das sociedades e, por conseguinte, dos indivíduos – a moda também traduz essas transformações – e constituem o ambiente de marketing.

É bem possível que agora tais manifestações – criadas há menos de 20 anos – não sejam mais novidade para você; algumas, tornaram-se tendências; outras podem ter provocado verdadeiras catástrofes econômicas... Quais delas terão êxito? Quais não sobreviverão?

Qual o impacto das tendências no comportamento dos consumidores de moda? Quais são os ganhos e as perdas? Como conviver com as tendências? Como saber quais delas terão impacto no seu negócio?
A sua atitude faz toda a diferença: seja seu próprio coolhunting acompanhando as tendências. Para isso, "fique ligado" nos ambientes de marketing, por meio de jornais, TV (as novelas, por exemplo, são lançadoras de moda e tendências), palestras, cursos, eventos (de modo geral), desfiles (nacionais e internacionais), programas específicos de moda, sites, redes sociais, visitas a shopping centers (atacado e varejo), ou simplesmente observação do movimento nas ruas... É preciso observar, discutir na empresa, além de analisar books das tecelagens e marcas propostos pelos ateliês especializados em tendências.

A RESISTÊNCIA

Há certas resistências por parte de muitos profissionais, e também de estudantes, quanto à necessidade de pesquisar e acompanhar de maneira sistemática o comportamento das sociedades – valores, hábitos (e mudanças desses hábitos), impacto de certos acontecimentos, tendências, referências de comportamento.

Isso fica evidente quando os estudantes precisam desenvolver os trabalhos de conclusão de curso (TCCs). A análise dos ambientes de marketing – macro e micro – torna-se mais difícil para aqueles que não leem jornais, revistas etc. e restringem a busca de informações à internet e às redes sociais. Resultado: baixo nível de informação, análise superficial, causada pela resistência em se atualizar por meio de fontes confiáveis.

É, no entanto, questão de vida ou de morte profissional acompanhar, estar em sintonia e estar próximo das variáveis ambientais que afetam os resultados das empresas.

A GRANDE VANTAGEM

Por que é preciso acompanhar de perto tantos acontecimentos?

As variáveis do ambiente de marketing oferecem a possibilidade de realizar sua própria "leitura" dos fatos, tirar suas conclusões e desenvolver as soluções que você acredita serem melhores para seu público-alvo.

Se para o marketing isso é importante, na moda é imprescindível, ou seja, ter sua própria maneira de oferecer ao mercado uma solução única.

Chanel, Balenciaga, Armani (que cursou Medicina por algum tempo), Oskar Metsavaht (que não pensava em ser empresário de moda), Carlos Miele (este com mais de uma marca e lojas nos Estados Unidos e Europa), Ronaldo Fraga, Lino Villaventura, Mario Queiroz, Rodrigo Rosner, Samuel Cirnansck, entre outros estilistas brasileiros e internacionais, somente conseguiram se firmar no mercado de moda graças à sua leitura da realidade – leia-se: a maneira própria de cada um olhar e perceber o mundo contemporâneo –, o que lhes possibilitou estabelecer propostas sólidas para as suas marcas.

O GPM também precisa desenvolver a prática de "ler a realidade" e deve estar atento às tendências dos negócios da moda, para firmar opinião e poder apresentar propostas à empresa.

É a capacidade e o hábito do profissional de ler, interpretar e atuar nos acontecimentos, modismos, tendências e megatendências das sociedades que lhe permitirão ocupar um lugar de destaque no meio profissional ou ser apenas mais um bom funcionário. Se você já tem esse hábito, mantenha-o! Se ainda não tem, mude de atitude!

OS AMBIENTES DE MARKETING

O que é um ambiente de marketing? Meio ambiente? Sustentabilidade? Quando lemos reportagem ou vemos documentário sobre a selva amazônica, por exemplo, observamos que animais, pássaros, peixes, plantas e insetos nascem, alimentam-se, protegem-se de inimigos naturais e morrem, num processo dinâmico que implica conhecer e adaptar-se a esse ambiente. A onça-pintada sabe onde e como alimentar-se, proteger-se, dormir, fugir das ameaças, porque conhece (e domina) esse ambiente e todos os que pertencem a ele, ou seja, vive em harmonia com o meio. Ambientes naturais como a selva, o deserto, o oceano são relativamente estáveis e convivem em equilíbrio, isto é, não se alteram (pelo menos não tão facilmente) com o tempo, a não ser pela ação humana.

O ambiente de marketing não é nada semelhante a esse ambiente natural – nunca está em equilíbrio. De onde vem e quais são as ameaças? Quando e como? Como sobreviver? Quais são as oportunidades para substituir e, se possível, crescer? Como lidar com suas forças? Por que alguns têm sucesso e outros não? Por que e como algumas empresas e profissionais ascendem ou fracassam? Como se dá a renovação?

A grande diferença entre um ambiente natural e o de marketing é a presença do homem. Assim, é fundamental analisar esse ambiente para detectar o que o influencia e o que ele influencia.

De acordo com Churchill Jr. e Peter (2000, p. 26), "[...] a análise ambiental é a prática de rastrear as mudanças no ambiente que podem afetar uma organização e seus mercados. Essas mudanças ocorrem em todas as dimensões do ambiente externo – econômica, política, legal, social, natural, tecnológica e competitiva".

Desse modo, parece claro que a constante mudança do ambiente de marketing depende das políticas dos governos, da competitividade entre as empresas e também das alterações do mercado consumidor. Quando fazemos um recorte para o ambiente da moda, as mutações são ainda mais dinâmicas, por isso mesmo é que os profissionais de marketing de moda são obrigados a analisar permanentemente seu ambiente e atuar nele.

No entanto, o que é analisar o ambiente? É estar informado de tudo? É ler jornais, revistas, consultar a internet, saber opiniões de todos sobre tudo?

Não! Analisar o ambiente de marketing é estar atento às mudanças na sociedade que levem a oportunidades e ameaças para sua empresa. É saber filtrar o que realmente interessa. Por exemplo, os dados estatísticos publicados periodicamente por órgãos governamentais, por associações de classe ou por reportagens diversas são bons indicadores do que acontecerá no mercado.

É essencial começar a análise do ambiente de marketing pelas variáveis do macroambiente.

Macroambiente

O macroambiente, como denominaram Kotler e Armstrong (2007), são as forças do ambiente de marketing que influenciam e atingem cada empresa, a qual, entretanto, não tem controle direto sobre essas forças, que são também conhecidas como variáveis exógenas. Essas variáveis representam tanto oportunidades quanto ameaças como, por exemplo, a valorização do real frente ao dólar oferece oportunidades para os importadores e ameaças para os exportadores. Kotler e Keller (2012) classificam os acontecimentos do macroambiente como "modismos, tendências e megatendências". Assim:

- um modismo é imprevisível e frequentemente de curta duração; um modismo pode expressar-se nas roupas, expressões idiomáticas, nos trejeitos de um personagem que a população incorpora enquanto a novela está no ar, mas são facilmente substituídos pelos da próxima;

- as tendências são previsíveis e duradouras, portanto, indicam certos cenários futuros e oferecem à empresa a oportunidade de tomar decisões; em contrapartida, se a empresa ignorar esses eventos, isso pode se tornar uma ameaça. Um bom exemplo de tendência é a valorização do corpo e da qualidade de vida que implica novos hábitos alimentares, exercícios físicos, roupas esportivas; e

- as megatendências são as grandes mudanças sociais, políticas, econômicas e tecnológicas que, a longo prazo, provocam significativas mudanças nas empresas. As megatendências podem ser a diminuição do hábito de fumar, o envelhecimento da população de países com famílias de poucos filhos, o crescimento da violência nos grandes centros urbanos, bem como o aumento do consumo de drogas e de doenças transmissíveis, a crescente participação da mulher no mercado de trabalho, o aumento do número de espetáculos de entretenimento (cinema, teatro, shows).

A empresa recebe influência de seis forças do macroambiente e por isso mesmo é preciso acompanhá-las de perto.

1. Demográficas

A demografia é o estudo da população humana, conforme algumas características que podem ser quantificadas estatisticamente, tais como idade, índices de natalidade e de mortalidade, estado civil, crescimento populacional, composição das faixas de idade da população, segmentos étnicos, religiosos, grau de instrução de cada nível da população, padrões familiares, mobilidade social, mudanças de hábitos de consumo de moda, entre outras.

Vale destacar as mudanças na pirâmide de idade da população brasileira nos últimos 50 anos e as previsões futuras. O Banco Mundial divulgou que o Brasil está envelhecendo, e uma de suas principais observações é que em 1950 havia 2,6 milhões de pessoas com mais de 60 anos, correspondendo a 4,9% da população; em 2010, eram 19,6 milhões de pessoas nessa mesma faixa etária, o que representava 10,2%; e em 2050 haverá 64 milhões, cerca de 29,7% da população. Os dados da instituição também revelam que estão nascendo menos crianças e que a população está envelhecendo, um quadro diverso do que encontrávamos em 2010, em que a maioria da população concentrava-se na faixa abaixo dos 30 anos.[1]

O que isso representa para sua marca? E para seus planos de marketing e vendas? A empresa continuará com a atual linha de produtos? Desenvolverá marcas e produtos para esse crescente segmento de mercado? Nesse segmento haverá diferentes subsegmentos, com diversos poderes aquisitivos, estilos de vida, novos hábitos, novas necessidades... Vai dar início ao processo de desenvolvimento? Quando? Fará pesquisas? Abrirá novos canais de distribuição? E a propaganda como fica? É esse o tipo de impacto que uma variável do macroambiente causa na sua empresa.

2. Econômicas

A distribuição de renda, poupança, juros, terceirização, livre-comércio, economia informal são alguns dos exemplos de como as variáveis econômicas influenciam a vida das empresas, principalmente as ligadas à moda. A renda disponível é o que representa o poder de consumo.

A Figura 2.1 apresenta as diferenças de interpretação para a estrutura de mercado brasileiro quando buscamos segmentá-lo por classes econômicas e traduz três critérios adotados:

- o novo modelo da Associação Brasileira de Empresas de Pesquisa (Abep) – instituição que tem por finalidade atualizar e estabelecer critérios científicos para as pesquisas de mercado – tem como principais diferenças a substituição da renda declarada por variáveis indicadoras de renda permanente e o uso da Pesquisa de Orçamentos Familiares do IBGE;
- o Critério Brasil, estudo utilizado até então pelas associadas da Abep, tem por base o levantamento realizado pelo Ibope em nove regiões metropolitanas (Porto Alegre, Curitiba, São Paulo, Rio de Janeiro, Belo Horizonte, Salvador, Recife, Fortaleza e Distrito Federal). Essa amostra de 11 mil domicílios é utilizada para medir a audiência de canais de TV; e
- o da Secretaria de Assuntos Estratégicos (SAE), órgão ligado à Presidência da República – no primeiro mandato da presidente Dilma Rousseff, o órgão adotou apenas o critério de renda para dividir as classes econômicas.

Ambientes de marketing de moda

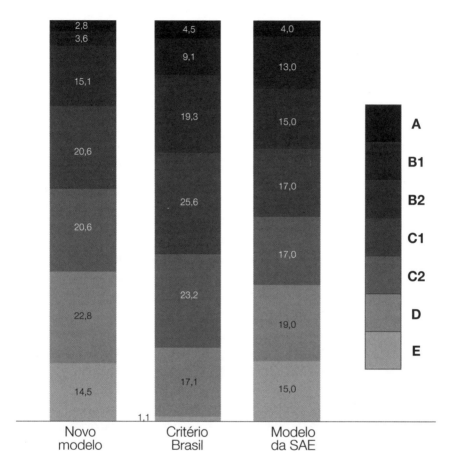

Figura 2.1: Comparação entre o Novo Modelo Abep, o Critério Brasil e o Modelo da SAE (2012-2013)[2]

Ao todo, 180 companhias reunidas na Abep devem aposentar o atual Critério Brasil, adotado por empresas de pesquisas no país, para aderir a este novo modelo mais amplo, que considera, além da posse de bens, o acesso às redes de água e esgoto e ruas pavimentadas.

O novo modelo Abep incorpora variáveis quantitativas que o tornam mais abrangente, por exemplo, ter iPhone é diferente de ter telefone fixo. Por isso, a pontuação para definir a classe econômica é distinta para cada situação.

45

É fundamental que você conheça a Abep e seus estudos para poder analisar as tendências de mercado, suas características dinâmicas, o envelhecimento da idade da população, novos hábitos em cada classe social e tantos outros aspectos, cujos dados estão disponíveis para o exercício de suas atividades.

3. Naturais

A preocupação com ecologia, camada de ozônio, poluição do ar e dos rios, os partidos políticos que defendem causas ambientais, o lixo de produtos plásticos, a pressão nos governos para decisões ecológicas, preferências pelos tecidos naturais e orgânicos, sustentabilidade e recentemente, a encíclica do Papa Francisco (*Laudato si'*), divulgada em junho de 2015, com críticas e propostas para as responsabilidades humanas em relação ao meio ambiente, são movimentos – não modismos, mas tendências –, ou melhor, forças de mercado que provocam e devem continuar a provocar ainda mudanças nas atitudes de consumo de produtos de moda. Alguns estados e municípios limitam a instalação de indústrias em áreas de preservação ambiental se os processos industriais ameaçarem a quantidade e a qualidade disponíveis de água; o programa Water Less, lançado pela Levi's, em 2012, que reduz em até 96% o consumo de água em seu processo de acabamento.

Aqui vale observar também como sua empresa quer influenciar o ambiente natural a longo prazo. Algumas indústrias comunicam ao mercado que seus processos reduzem o uso da água dos rios e que após a utilização a devolvem isenta de elementos poluidores.

4. Tecnológicas

Telefonia celular, internet, computadores, roupas tecnológicas, nanotecnologia, processos e equipamentos de produção e centenas de mudanças aceleradas na tecnologia criam oportunidades sem limites para inovar, como o desenvolvimento de novas fibras, a criação dos tecidos inteligentes ou o desenvolvimento de novos padrões de lavagens, ou mesmo dezenas de aplicativos lançados diariamente no mercado tendo em vista empresas e consumidores.

É importante lembrar que a tecnologia possibilita facilidades, mas não podemos descuidar do uso que dela fazemos, em especial, da conduta ética.

5. Político-legais

Políticas de negociações comerciais entre países, restrições à importação, preferências cambiais, diferenças de ICMS entre estados brasileiros, isenções legais, novas leis, ações policiais para combate ao contrabando e qualquer forma de comércio ilegal, negociações sindicais e outras ações de governos federal, estadual e municipal implicam impacto nos custos. Os movimentos para defesa dos consumidores provocam nas empresas a obrigação legal de informarem sobre os produtos que usam e disponibilizam. Nesse caso, também as associações e federações podem ser o melhor fórum para propor alterações e melhorias no ambiente político-legal para as empresas de moda. A estrutura político-legal da China, que resulta em preços muito baixos para inúmeros produtos, tem afetado drasticamente o consumo em todos os países em que as leis, impostos, negociações salariais etc. são mais rígidas, resultando em maiores preços dos produtos nacionais.

6. Socioculturais

Crenças, valores e normas de convivência social, a visão que as pessoas têm de si, da cidade onde moram, do país, das empresas, dos políticos, da preservação da natureza, estilos de vida cada vez mais diversos, a emergência das classes de poder aquisitivo mais baixo como forças de consumo para diversos produtos são representativos do cenário de alterações socioculturais.

A Copa do Mundo de Futebol, as Olimpíadas (ou os Jogos de Inverno), as semanas de moda e tantos outros eventos têm impacto no ambiente da moda – os novos produtos, em especial, os trajes esportivos, as ações promocionais de lojas, as vitrinas, a propaganda, a mídia e as redes sociais.

Patrícia Sant'Anna[3] observa que a cultura contemporânea é "trans" (transversal, transdisciplinar, transetorial, transnacional etc.). E os fluxos de influências não se dão apenas do mais poderoso para o menos poderoso.

Os caminhos tradicionais de formação de moda (*trickle down* e *bubble up*)[4] têm um competidor cada vez mais forte: a fluência horizontal de trocas culturais cujo impacto no mundo contemporâneo aumenta mais e mais.

Um bom exemplo é o desenvolvimento do celular que comporta mais de um chip: sabe para quem eles foram criados? Para os mercados africanos de celular (o maior em crescimento no mundo). Na África é comum várias pessoas compartilharem o mesmo celular, assim, cada um tem o seu chip e as contas e as mensagens não são misturadas. No Brasil, é usual uma mesma pessoa ter muito mais de um chip, isto é, possui planos de diferentes operadoras telefônicas. Na Europa as pessoas usam chips de países diferentes, conforme se deslocam. Cada lugar apropriou-se da sua maneira de um produto/tecnologia feito para sanar um problema específico.

Outro fator ao qual devemos ficar atentos são os movimentos culturais que surgem influenciados pela internet e pela facilidade de viagens. O Brasil, por exemplo, teve um aumento no fluxo para países como Canadá, África do Sul, Austrália e Nova Zelândia para o estudo da língua inglesa, deixando cada vez mais de lado o tradicional inglês britânico ou norte-americano. Isso sugere não só o aprendizado da língua com outro sotaque, mas também a escolha pelo convívio cultural desta ou daquela nação.

No trânsito de mercadorias, podemos lembrar da moda que flui do Ceará, direto para os países africanos, como Angola. Ou que oito em cada dez australianos usam Havaianas. Qual o significado disso? Que marcas e produtos brasileiros agradam para além de nossa especificidade. Enfim, compor o ambiente sociocultural é mergulhar em fluxos de pessoas, produtos e valores. Mas também é ficar atento ao universo das novas tecnologias que promovem o diálogo diário com diversas culturas e que influenciam sobremaneira as decisões de consumo de moda.

Microambiente

São aquelas forças do mercado sobre as quais a empresa exerce algum ou total controle. São os departamentos da própria empresa, fornecedores, intermediários, clientes, concorrentes e os públicos diversos com os quais a empresa se relaciona, tais como jornalistas, formadores de opinião no mercado onde a empresa atua, políticos, sindicalistas, presidentes de associações de classe empresarial, entre outros.

Enquanto as variáveis do macroambiente são essencialmente externas, as do microambiente podem ser externas e internas. Todos os elementos do microambiente são os responsáveis pela entrega de valor de uma empresa aos clientes e mercado.

Microambiente externo

De acordo com Kotler e Armstrong (2007), o microambiente externo é composto de:

- mercado (pessoas, lugares, ideias e clientes);

- intermediários de marketing (atacadistas, varejistas, transportadores, distribuidores, bancos, seguradoras);

- fornecedores (de matéria-prima, acessórios, equipamentos, processos produtivos e de controles, de diferentes formas de serviços, de mão de obra qualificada, podendo-se incluir as escolas técnicas e faculdades quanto à qualidade da formação de mão de obra técnica e gerencial);[5]

- acionistas, holdings de controladores (empresas que compram outras, fundem-se, adquirem o controle acionário), desde que sejam empresas de portes médio e grande; já nas pequenas empresas, os acionistas são os próprios proprietários que estão na operação e, nesse caso, são considerados microambiente interno;

- concorrentes (toda empresa que compete em valor para a compra do mesmo produto/serviço); e

- públicos (não funcionários, mas que se interessam ou envolvem-se com o desempenho da empresa, no âmbito social, político, ético, de responsabilidade social, influindo na imagem corporativa da empresa).

Os clientes são os mercados dos consumidores, os mercados de negócios, os revendedores da empresa, os mercados governamentais e internacionais.

Os intermediários são as agências de comunicação, as transportadoras, os revendedores, os agentes de serviços financeiros, incluindo bancos, seguradoras, empresas de segurança.

Os fornecedores são responsáveis pelo que a empresa entrega a seus clientes. Qualidade de produtos, pontualidade de entregas, atendimento pós-venda, parceria em desenvolvimento de novos produtos e processos hoje fazem a diferença entre um bom e um mau fornecedor.

Os concorrentes diretos e indiretos são todos aqueles que atrapalham o desempenho comercial e financeiro, oferecendo valor e satisfação com competitividade para nossos clientes.

Públicos são grupos de pessoas ou de empresas interessados no desempenho da empresa – mercado financeiro, formadores de opinião, jornalistas, analistas e consultores, acionistas, governo, políticos, associações de classe. São também conhecidos por *stakeholders*.[6]

Microambiente interno

Os departamentos de Marketing, Comercial, Compras, Produção, Finanças, Gestão de Pessoas etc. precisam se inter-relacionar para a sobrevivência e crescimento forte da organização. As empresas atuais devem procurar a excelência em suas operações, e uma decisão que cada vez mais influencia a alta direção é a busca por contratar e manter talentos. A Gestão de Pessoas – a evolução do departamento de Recursos Humanos – tem a responsabilidade de desenvolver processos para identificar os profissionais que não podem sair da empresa, os que podem e os que devem ser afastados.

A ENTREGA DE VALOR

McKinsey (citado por KOTLER e KELLER, 2012) afirma que, cada vez mais, as empresas buscam alterar suas prioridades estratégicas, enfatizar a produção, as finanças e vendas, pois a competitividade entre os mercados (e as empresas) está obrigando a uma revisão que privilegia, acima de tudo, o processo da criação e a entrega de valor – selecionar valor, fornecer valor e comunicar valor. Nesse processo, as responsabilidades são distribuídas entre todos os integrantes do microambiente. As áreas de Marketing, Vendas, Logística Interna, Operações, Logística Externa e Serviços são as atividades principais, apoiadas pelas áreas de Infraestrutura, Gestão de Pessoas, Tecnologia e Compras, ressalta Porter (citado por KOTLER e KELLER, 2012).

Todas as forças do microambiente afetam a capacidade da empresa na busca de valor para atender seus clientes e acionistas, incentivando ou comprometendo o lucro esperado.

Concorrentes industriais competem no que se refere a tecnologia fabril e serviços: alta ou baixa tecnologia em maquinários, mão de obra e softwares de gestão industrial e financeira, novos processos de lavagem, entre outros.

Concorrentes comerciais competem e inovam em termos de produtos e serviços oferecidos aos clientes, como orientação para compras, logística, presença na mídia etc.

No mundo da moda, é usual as empresas brasileiras terem problemas de sucessão. Fiações, tecelagens, confecções, atacadistas e lojistas ao enfrentarem a realidade da sucessão podem tomar decisões que fortalecem ou enfraquecem suas empresas e ações comerciais. São inúmeras as possibilidades de decisões certas ou erradas, principalmente quando a sucessão é na empresa familiar – egos, ciúmes antigos de infância, famílias desestruturadas, irmãos de pais diferentes, novos agregados, como genros, noras, cunhados etc.

Você, como GPM, pode ganhar importância "política" interna e tornar-se mais confiável por seu profissionalismo, e não por preferências pessoais, embora estas também contem. Seja percebido por todos como um profissional isento, cujas opiniões, críticas, decisões visam apenas à empresa.

AS TENDÊNCIAS

Não há empresa de moda que atenda a todo o mercado com um único produto.

Toda e qualquer empresa precisa segmentar o mercado, eleger seu público-alvo e neste concentrar suas ações comerciais.

O conceito de segmentação de mercado, seja por limitações industriais, seja por decisão de marketing, é fundamental para a empresa não dispersar esforços.

É com o trabalho de segmentação que o GPM deverá levar a empresa a analisar as variáveis dos macro e microambientes.

O GPM provavelmente não definirá a coleção desenvolvida conforme as tendências, isso é responsabilidade das áreas de Estilo e Design. Mas a função do GPM obriga a conhecer as tendências de comportamento de seu público-alvo, para participar de reuniões, ouvir, discutir, convencer, ser convencido do que é melhor para a empresa e.... agir!

Leis e todas as alterações no mercado, provocadas pelos governos e autoridades, têm data certa para vigorar. Alterações de mercado provocadas pelas empresas em suas estratégias de marketing não têm data marcada nem local certo para entrar em vigor. No dia a dia, as empresas criam novos produtos e operações comerciais que são ameaças ou oportunidades para a vida de seus concorrentes. Por isso, esteja "sempre alerta!", como dizem os escoteiros.

NOTAS

[1] DANTAS, Fernando. Brasil envelhece antes de enriquecer. **O Estado de S.Paulo**, 7 abr. 2011. Economia, p. B6.

[2] Os quadros comparativos de análise das diferentes estruturas do mercado brasileiro foram gentilmente cedidos pela professora Edith Wagner, diretora presidente da Pró-Marketing Inteligência de Mercado.

[3] Patricia Sant'Anna é doutora em História da Arte, mestre em Antropologia Social e líder do Grupo de Pesquisa em Arte, Design e Moda da Universidade Estadual de Campinas (Unicamp). É fundadora e diretora de pesquisa da Tendere, consultora e ministra palestras sobre tendências e suas aplicações no país e no exterior.

[4] Segundo Patricia Sant'Anna, o *trickle down* (efeito gotejamento) refere-se à proeminência que as pessoas da elite sociocultural podem ter frente ao desejo de consumo e formação de gosto do resto da população. O *bubble up* (efeito borbulha) indica de que maneira o público presente nas ruas – em especial os jovens, ao subverter padrões de moda da elite – acaba por criar novos modelos de elegância, gosto e consumo.

[5] Considerar as escolas técnicas e faculdades como fornecedores é a interpretação dos autores do livro.

[6] *Stakeholders*: pessoas ou grupo que podem legitimar as ações de uma organização ou mesmo influenciar a gestão e os resultados dessa organização, como os políticos que criam leis ou os formadores de opinião que nos meios de comunicação informam, elogiam ou criticam ações das empresas ou das organizações não governamentais (ONGs).

3

O COMPORTAMENTO DO CONSUMIDOR DE MODA

Em 1990, David R. Shah, um dos mais renomados pesquisadores de tendências mundiais de moda, consultor e editor da revista *Viewpoint*, junto com sua equipe, apontou o surgimento da "moda verde". Na edição outono-inverno de 2007 da São Paulo Fashion Week (SPFW), pudemos constatar o acerto de tal previsão, quando o tema central do evento foi a sustentabilidade e a questão ambiental.

Desde então, observamos o olhar atento da cadeia têxtil para a preservação do meio ambiente e investimentos – do agribusiness às vitrinas – e, em especial, no desenvolvimento de tecidos orgânicos, os chamados e-fabrics, tendo em vista a biodiversidade e consciência socioambiental. Todavia, sabemos que serão necessários alguns anos para que os e-fabrics se tornem realmente significativos em termos de produção, mas é fundamental que o consumidor seja informado e conscientizado acerca do tema.

Recentemente, Shah, sempre com base no contexto macro, indicou uma nova tendência – o fim da globalização e, em contrapartida, o crescimento dos mercados locais – e alertou para a força das redes sociais, considerando que o consumidor, agora com muito mais informação, ampliou seu poder, o que exige da indústria mais atenção. Além disso, o uso excessivo da internet imprime velocidade às mudanças comportamentais dos consumidores. O pesquisador lembra ainda o projeto New Sublimity que questiona o ser humano da contemporaneidade.[1]

Às tendências assinaladas por Shah, acrescentamos mais três aspectos que têm influenciado o mercado de moda: a valorização do segmento plus size, o fast-fashion e a atividade de coolhunting. Que efeitos essas mudanças todas terão no ciclo produtivo e no comportamento de consumo nos próximos anos?

Se por um lado a preocupação com o meio ambiente aumenta a cada dia em todo o mundo e os profissionais de moda acabam entrando no clima "vamos salvar o planeta", por outro, a modelagem desenvolvida sofre alterações significativas, valorizando tamanhos acima de 44; indústria e comércio, cada vez mais, convive com a rapidez em abastecer (e substituir) as araras das lojas e cresce o olhar para o movimento das ruas, com o objetivo de definir minicoleções em sintonia com o que o consumidor realmente quer.

Assim, as marcas, mais que nunca, devem observar o comportamento dos segmentos de mercado onde atuam para atribuir a seus produtos/serviços o valor que seus clientes percebem como importantes. Como observa Shah, é preciso ser global e local ao mesmo tempo.[2]

O GPM é a pessoa mais indicada na empresa para entender o impacto que esse processo (e suas variáveis) terá e, igualmente, transmitir isso a todos.

FATORES DE INFLUÊNCIA

Em geral, autores e profissionais da área preocupam-se com o aspecto de compra, ou seja, como se comportam as pessoas no processo de compra.

Por que somente os aspectos de compra? O marketing não se interessa pelo ser humano em todos os seus aspectos?
Por todos os aspectos do comportamento, não! O marketing é uma área de negócios, portanto, seu campo de interesse é o ser humano como consumidor: o que faz as pessoas consumirem ou não determinada marca de produto ou serviço, ou frequentarem um ponto de varejo, ou ainda o que fazer para as pessoas terem um comportamento favorável de compra para a marca e/ou quebrar as resistências.

As influências mais marcantes que afetam o comportamento para aceitar/rejeitar/considerar irrelevantes ou até negligenciar as marcas serão detalhadas a seguir e têm por base os estudos de Kotler e Armstrong (2007).

Como GPM, você deve considerar fundamental cada um desses aspectos para descobrir quais são os que exercem maior ou menor influência – ou mesmo não exercem influência alguma – no desempenho de sua marca e empreender ações que resultem a seu favor. Jamais privilegie um deles em detrimento dos demais!

Você conhece a Lei de Murphy: "Se algo puder dar errado, dará". Portanto, fique atento: cada marca de moda propõe e estimula atitudes específicas nos segmentos de consumidores, atitudes estas que estão ligadas a fatores de influência muito fortes. Muitas ações não consideram peculiaridades de comportamento dos consumidores e resultam em vendas medíocres.

Fatores Culturais

A cultura é o principal fator que determina nosso comportamento de compra. No Brasil, os aspectos culturais na moda são a valorização do corpo, a informalidade de relacionamento, a alegria manifestada nas músicas, roupas e palavreado, a hipervalorização de ídolos, principalmente do futebol (Pelé, "Ronaldos", Neymar Jr.) e da TV (Xuxa, Faustão, Silvio Santos, entre outros), a preferência por cores tropicais e, ultimamente, por causa de acontecimentos políticos, a crescente aceitação aos processos que julgam e ameaçam a impunidade histórica de empresários e políticos da cena brasileira.

Como parte integrante dos fatores culturais, há os subculturais: aspectos ligados às diversas religiões, às culturas regionais e às etnias – as mulheres muçulmanas devem usar vestidos longos; a moda evangélica é dirigida às mulheres que frequentam os cultos e querem respeitar os preceitos religiosos em seu dia a dia; no Nordeste, as roupas precisam levar em consideração o clima quente; no Sul, as pessoas evitam roupas marrom/bege, pois, sendo louras, consideram que essas cores não as deixam elegantes; o mercado de afrodescendentes, em franco crescimento, exige modelagem própria às características físicas de seu segmento. Esses são apenas alguns exemplos dos fatores subculturais. Pense: quais deles são importantes para suas marcas?

Fatores Sociais
A família

É o fator social que exerce a maior influência em qualquer pessoa. Nascemos e crescemos em família e, normalmente, quando nos tornamos adultos também desejamos formar uma. Mesmo com números crescentes de uniões não formais, divórcios, separações, crianças crescendo em lares separados, pressão das mídias etc. é como se o sentido de família estivesse em nosso DNA. Estudos sociológicos no mundo inteiro atribuem as desordens e violência à falta de convivência em família. É fato que os pais influenciam no que as crianças vestem e transmitem seus valores e estilos de vida a seus filhos. Em geral, na adolescência, contestamos a autoridade familiar, afinal, quem de nós nunca teve discussões por querer adotar roupas, acessórios, penteado ou tatuagem que os pais não aprovavam?

Contudo, ao longo da vida, as influências e valores familiares induzem nosso comportamento – a favor ou contra.

Os grupos de referência

Além da família, outro fator social de grande influência no comportamento e atitudes do consumidor de moda são os grupos de referência, isto é, os grupos aos quais queremos pertencer, ou, ainda, rejeitamos pertencer.

Cada um desses grupos tem valores que são referência para adotarmos ou não o mesmo comportamento. Grupos musicais influenciam no modo como muitos jovens se vestem, se penteiam e mesmo se comportam; jogadores de futebol influenciam penteados em garotos, além das camisetas e estilo de todo o guarda-roupa; personagens de novela, igualmente, determinam o que adultos, jovens e crianças vão usar.

Como GPM, você precisa estar antenado com o que pode virar tendência a partir de grupos de referência de seu mercado.

Os personagens de novelas, filmes, séries etc. são grupos de referência para os consumidores de suas marcas que, por sua vez, são influenciados pela maneira de se vestir e agir de tais personagens, conforme o papel que desempenham na ficção. Essa influência pode incentivar ou criar barreiras na hora da compra. Lembre-se: hoje, vivemos mudanças drásticas, rápidas e que até nos causam surpresa quanto aos padrões de comportamento de nossos clientes; nem sempre o personagem "decente/honesto" será o modelo a ser imitado. Mas é a empatia do público com o/a ator/atriz, mais do que com o personagem propriamente dito, que norteará o comportamento do público.

Papéis e status

Nos centros urbanos, desde criança frequentamos muitos grupos: a família, a escola, o clube, entre outros, e, em cada grupo, desempenhamos papéis e temos uma posição (status) que nos definem. Papéis são as atividades esperadas para uma pessoa desempenhar – nos esportes coletivos, espera-se que cada um dos integrantes cumpra sua função. Já o status refere-se à importância de cada elemento no grupo – o atleta mais velho tem ascendência sobre os mais novos, em termos de orientação e comportamento na equipe, assim como os diretores têm mais regalias que os gerentes e estes, mais que os supervisores, e assim por diante. Isso é status. Eis aqui uma oportunidade espetacular para as marcas de moda, principalmente no ponto de venda (PDV).

Podemos dizer que somos várias pessoas numa só?

Ou seja, quando vamos ao trabalho, seguimos as regras da empresa quanto ao vestir, falar, nos reunir; quando estamos com amigos num churrasco, as regras são outras; numa festa formal ou num casamento e mesmo em funerais nos vestimos adequadamente para a ocasião. Mais ainda, mesmo quando nos preparamos para o trabalho, há dias em que estamos mais animados e alegres, outros em que estamos mais preocupados ou cansados e desanimados...

Assim, seja qual for a ocasião, o vestir e a moda nos garantem uma melhor forma de comunicar o que sentimos e o que queremos transmitir, conforme nossos papéis, status e estilo de vida.[3]

Fatores Pessoais

Ao analisarmos nosso próprio comportamento, notamos mudanças em função de nossa idade, ocupação, interesse, condição econômica, valores e estilos de vida. Mas nenhum desses fatores pode ser considerado isoladamente, eles atuam juntos com cada decisão que tomamos, especialmente de moda.

Até recentemente, as empresas segmentavam seus mercados considerando variáveis como renda, classe social, idade, sexo, as chamadas variáveis demográficas. Como todas as empresas seguiam esse mesmo critério, o composto de marketing (Produto, Preço, Promoção, Ponto) de cada marca tinha pouca diferenciação.

Gradualmente, algumas empresas introduziram o estudo de estilos de vida de seus clientes. Assim, tornou-se mais complexo entender o comportamento dos consumidores, porém, conhecendo-se os estilos de vida de seus clientes, a empresa toma decisões com mais poder de competitividade para suas marcas. Por exemplo, os consumidores de mesmo sexo, idade e renda têm estilo de vida diferente, portanto, hábitos e preferências próprias. Tendo isso em vista, os esforços de marketing precisam atender esses consumidores em suas expectativas de consumo, conforme o estilo de vida deles.

A tendência de marketing é que cada marca busque se diferenciar a partir do estilo de vida de seus clientes. Para isso, é fundamental uma política de segmentação.

O que é estilo de vida? De acordo com Kotler e Armstrong (2007, p. 120), "[...] estilo de vida é o padrão de vida de uma pessoa expressa em sua psicografia [...] principais dimensões do consumidor-atividades (trabalho, compras, esportes, compromissos sociais), interesses (comida, família, lazer) e opiniões". Na coleção outono-inverno da SPFW de 2007, por exemplo, o desfile da Osklen propôs ao consumidor a atitude *amazon guardian*. É bem provável que esta atitude tenha sido adotada pelo segmento de mercado que se identificava não somente com as roupas da coleção, mas com a proposta da marca como um todo – o consumidor da marca desejava ser identificado com a ecologia, Amazônia e preservação da natureza.

Os aspectos de renda, idade, classe social, sexo, região onde mora, nível educacional, entre outros, não são mais suficientes para gerar comportamento em moda. A atitude que a marca propõe é determinante, muito mais que o status.

Fatores Psicológicos

São quatro os fatores psicológicos que influenciam as ações do consumidor aos vários estímulos que o levam a tomar decisões de comprar e não comprar.

Esses estímulos estão na própria sociedade (cultura, ambiente tecnológico, situação política, econômica e social etc.) e são também criados pelas empresas por meio das ações do composto de marketing.

De acordo com Kotler e Armstrong (2007), os fatores psicológicos que nos influenciam são: motivação, percepção, aprendizagem e crenças e atitudes.

Motivação

Antes de termos um comportamento de comprar ou não comprar, passamos pela motivação. Para Sheth, Mittal e Newman (2001, p. 326), "[...] é o que move a pessoa – a força motriz em todo comportamento humano".

Portanto, o GPM deve antes de tudo conhecer e analisar o que leva os consumidores a comprar ou não comprar seu produto/serviço.

Cuidado com a intuição! Tanto o processo de motivação quanto suas facetas são objeto de estudo de pesquisa de marketing. O GPM não deve aceitar que a motivação seja objeto de intuição, do tipo "eu acho", "eu sinto", "minha experiência diz que...". A intuição deve estar presente em todo o processo de marketing de moda, principalmente na área criativa, mas as decisões sobre o comportamento dos consumidores, que vão orientar ações de todo o composto de marketing e conferir um diferencial competitivo para a marca, devem partir de informações seguras, atualizadas e comprovadas. Um erro custa cada vez mais caro.

Percepção

Surpreendentemente, quase nunca a realidade objetiva é o que determina nossas decisões – o que vale é como percebemos essa realidade. O marketing – e mais ainda o marketing de moda – busca criar junto aos consumidores a percepção que a marca deseja. Como ponderam Sheth, Mittal e Newman (2001, p. 286), a percepção pode ser entendida como "[...] o processo pelo qual o indivíduo seleciona, organiza e interpreta a informação que recebe do ambiente".

Cabe ao GPM entender e influenciar a percepção dos consumidores que deseja atingir. Lembre-se: percepção é um processo, e este implica fases consecutivas, uma após a outra. E, na compra por impulso, qual o processo?

Uma compra por impulso é aquela que o consumidor não planejou previamente; ele reage a um impulso repentino, sem avaliação de necessidade. Engel, Blackwell e Miniard (1995, p. 106) enumeram as características da compra por impulso:

- um desejo súbito e espontâneo de agir, acompanhado de urgência;
- um estado de desequilíbrio psicológico em que há falta de controle temporário;

61

- um conflito e luta que é resolvido por uma ação imediata;
- a avaliação objetiva mínima – as considerações emocionais são dominantes; e
- não há considerações das consequências.

É como se houvesse um curto-circuito em nosso racional. Rook (citado por ENGEL, BLACKWELL e MINIARD, 1995, p. 155) corrobora: "[...] a compra por impulso ocorre quando um consumidor vivencia um anseio repentino, geralmente poderoso e persistente, de comprar algo imediatamente". O autor complementa que a compra por impulso pode ter uma das seguintes características:

- espontaneidade: ação inesperada que motiva o consumidor a comprar na hora, em resposta a um estímulo visual direto no PDV;
- poder, compulsão e intensidade: tudo isso impele a agir imediatamente;
- excitação e estimulação: os anseios são frequentemente acompanhados por emoções do tipo "excitante", "emocionante" ou "selvagem"; e
- descaso pelas consequências: as potencialmente negativas são ignoradas.

Compra por impulso! Esse é o comportamento que todos os profissionais de Marketing de Moda desejam obter do consumidor para sua marca e produto – um impacto imediato, uma reação incontrolável, de momento, de ansiedade em comprar. E que bom que seja o seu produto! Boa parte do seu trabalho (e deste livro) está direcionado a esse momento. Você concorda?

Aprendizagem

O efeito do aprendizado é sobre a memória de longa duração, ou seja, aprendemos para reagir melhor aos desafios do ambiente. Sheth, Mittal e Newman (2001) lembram: o que aprendemos, tendemos a não esquecer.

Nesse sentido, o aprendizado é mais amplo. Como apontam Sheth, Mittal e Newman (2001), podemos aprender de quatro maneiras, todas já muito usadas em moda e em todas as atividades de marketing:

- aprendizado cognitivo: por meio de informações orais e escritas (conversas, aulas, lendo/ouvindo propaganda), observando outras pessoas;

- condicionamento clássico: reagindo automaticamente a um estímulo (sinal vermelho: pare; parar o carro: pisar no freio);

- condicionamento instrumental: reagindo a um estímulo porque temos alguma vantagem (trabalhar mais em ações de incentivo de vendas, frequentar liquidações e promoções); e

- comportamento imitativo: observando outros e imitando o comportamento (usar o que os outros usam, seja da família, seja do grupo de referência).

Crenças e atitudes

De acordo com Kotler e Armstrong (2007), as crenças podem ser baseadas em conhecimento, opinião ou fé e são (ou não) acompanhadas de uma carga emocional. Essas crenças constituem imagens de marca e de produtos que afetam o comportamento de compra. Por outro lado, as pessoas têm atitudes com relação a religião, política, roupas, música e praticamente tudo. As atitudes fazem com que uma pessoa goste ou não das coisas.

O PROCESSO DE ADOÇÃO DE INOVAÇÕES

As estações do ano ainda são uma grande motivação para o ciclo da moda. Coleções de outono/inverno, primavera/verão e, no Brasil, alto verão definem o calendário de lançamentos e desenvolvimento de produtos de moda. Para que você tenha êxito, é fundamental que conheça e domine o processo de adoção de inovações.

O modelo do Processo de Adoção de Inovações, destacam Sheth, Mittal e Newman (2001), mostra que cada novidade precisa de tempo para ser aceita pelo mercado e, mais ainda, para que as pessoas aceitem a inovação e ao adotá-la transmitam seu uso aos segmentos-alvo.

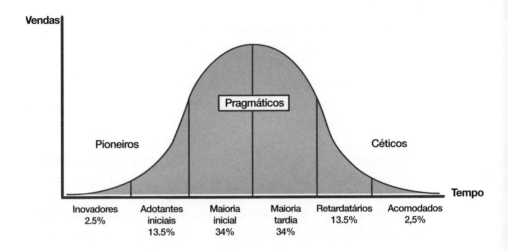

Figura 3.1: Processo de Adoção de Inovações – o comportamento do consumidor
Fonte: Hooley, Piercy e Nicoulaud (2011, p. 241).

Com base na Figura 3.1, e considerando que é um método estatístico, percebemos que esse processo depende das seguintes pessoas:

• inovadores: na média, são 2,5% da população-alvo; pequeno número que gosta do risco de adotar uma novidade/inovação. Aqui o valor da marca define quem serão os inovadores que aceitarão o risco de ousar, de serem os primeiros. São os líderes de opinião. Conforme o uso dos inovadores, a moda pega ou não.

• adotantes iniciais: na média, representam 13,5% da população-alvo; têm comportamento muito semelhante aos inovadores, também são líderes e formadores de opinião no que se refere a aceitar novidades da moda.

No caso das marcas, pense nos formadores de opinião, nas personagens da mídia e quão ousada é a proposta de inovação – microssaia, jeans de luxo para festas sofisticadas, um corte novo de cabelo, um acessório proposto pelo ícone de moda europeu, moda étnica etc.

No processo de inovação esses dois segmentos (inovadores e adotantes iniciais) representam 16% do mercado total, isto é, fazem a diferença. Enquanto eles usam e estimulam o uso, o processo de produção, vendas e logística supre o mercado e atende aos demais segmentos à medida que a inovação é aceita.

Para as demais pessoas, é importante considerar:

• maioria inicial: representa, em média, 34% do mercado, portanto, um número substancial; já recebeu informações de que os inovadores e adotantes iniciais acataram a inovação e se predispõe também a usar. É nessa fase que começam o crescimento das vendas e o processo de lucro da nova coleção.

• maioria tardia: em média, também representa 34% do mercado de usuários da inovação. Quando estes começam a usar a inovação, a estação já está no fim. Esse segmento caracteriza-se pela resistência à inovação. Não privilegia marca, aceitando comprar em centros/lojas conhecidos por preços baixos, o que, vale lembrar, atualmente não representa, necessariamente, produtos de qualidade inferior, mas, muitas vezes, esses centros reúnem produtos com pouco estoque em final de temporada.

• morosos (retardatários e acomodados): em média, representam 16% do mercado que já aceitou a inovação. São, igualmente, resistentes às inovações; buscam maior racionalidade no consumo e maximizar o uso do que já comprou, como ressaltam Sheth, Mittal e Newman (2001). São pessoas sensíveis a preço/liquidações e, acima de tudo, disponibilidade financeira.

RESISTÊNCIAS À INOVAÇÃO

Em moda, o Processo de Adoção de Inovações é primordial para o desenvolvimento dos negócios. São várias as inovações por ano e o mercado precisa contribuir comprando, mesmo porque contamos com as mudanças de clima e temperatura para desenvolvimento de nossos produtos.

Contudo, alertam Sheth, Mittal e Newman (2001), os segmentos de maioria tardia e morosos comportam-se de maneira a dificultar a velocidade de aceitar cada novo lançamento. São menos impulsivos, não aceitam riscos de ser a minoria a usar primeiro os produtos, maximizam o uso de suas roupas "porque não dão valor à moda", como não se cansam de dizer. Quais os motivos dessa resistência?

O hábito é o primeiro – é mais cômodo usar o que se está acostumado que repetir comportamento. O risco de ser percebido de maneira diferente do que sempre foi é o segundo fator – "o que as pessoas que me conhecem vão dizer de mim?".

Portanto, dependendo da inovação, haverá menor velocidade de aceitação – quanto mais impactante, mais lento será o processo.

Como esses segmentos representam 50% do potencial total, é fundamental convertê-los para nossa marca.

Reflita:
Como saber qual é o total do mercado para planejar as vendas, produção e rentabilidade? Quais são os segmentos e onde estão? Quanto dura cada fase e quantos comprarão em cada fase?
Primeiramente, considere o modelo de Adoção de Inovações para sua marca. Não se esqueça: o que importa é o desempenho de sua marca.

Posteriormente, analise o desempenho das coleções nos últimos anos e pondere:
• para cada coleção, veja o total das vendas e o tempo de duração da coleção – quando foi o início das vendas e a última venda;
• aplique as porcentagens do modelo (16%, 34%, 34% e 16%) em termos de quantidade e em semanas/meses após o lançamento da coleção, assim, você saberá, em média, qual é o processo para adotar as inovações de sua marca – quantidades e duração de cada fase; e
• para a próxima coleção, tome as decisões de marketing para aumentar as vendas junto aos segmentos inovadores e adotantes precoces – você terá novos volumes de vendas e novos períodos de aceitação da coleção. Esse será seu modelo de Adoção de Inovações que deverá ser aprimorado a cada coleção.

Memória

Para Engel, Blackwell e Miniard (1995), a memória pode ser considerada a etapa final do processamento da informação. É importante levar em conta que normalmente a memória é classificada em três sistemas de armazenamento:

- sensorial: basicamente a memória ligada a sons e imagens e que é processada muito rapidamente;
- memória de curto prazo: quando mantemos em nossa mente a informação recebida sem muito esforço, porém, por pouco tempo, como se lembrar de um número de telefone; e
- memória de longo prazo: todo nosso conhecimento é armazenado na memória de longo prazo e, embora sua capacidade seja ilimitada, recebemos milhares de informação por dia, mas só armazenamos parte delas.

Este é o seu desafio: como fazer para sua marca ficar armazenada por muito tempo na mente do seu cliente? (Não interessa o consumidor, mas seu cliente, aquele que compra sua marca.)

As pesquisas de mercado contemplam essa situação quando perguntam sobre marcas; veja que sempre há as perguntas para lembrança espontânea e as estimuladas. Às vezes, conhecemos a marca mas não nos lembramos dela espontaneamente.

Claro, você já entendeu! É aqui que "mora o perigo" da marca: não ser a preferida; não ser assimilada corretamente pelo consumidor.

Veja algumas ponderações de Evandro Lima* acerca dos fatores que podem influenciar a moda e da participação do GPM na atualidade:

> " A moda sempre se baseou em tendências mas hoje o modismo é preponderante. Isso altera radicalmente todo e qualquer planejamento. Claro, todos temos que prestar atenção às tendências. Porém, não podemos apenas contar com elas como garantia de vendas. Por exemplo, ninguém estava preparado para a explosão da camisaria feminina entre 2012 e o início de 2013. Quando a delegada

federal, personagem da novela *Salve Jorge*, da Rede Globo, começou a crescer, houve uma brusca e espetacular procura no mercado pela camisa, peça do vestuário utilizada pela personagem.

Portanto, o modismo depende não apenas de uma novela, mas da importância que um personagem tem no decorrer da narrativa.

Percebemos, ainda, o sucesso que parcerias entre marcas e personagens estão alcançando na área de fast-fashion. Grandes redes varejistas têm alcançado sucesso em planejar coleções fechadas e limitadas com o aval de personagens famosos tanto de moda quanto de mídia.

Também não podemos nos esquecer do fator China, responsável por muito estragos no mercado pelos seus preços absurdamente baixos, em comparação com a produção local. Além da China – maior responsável pelo volume importado e vendido –, há fontes alternativas como Tailândia, Vietnã, Bangladesh.

Diante desse cenário, o Gerente de Produtos de Moda deve conscientizar a empresa que os tempos mudaram – faz tempo que o Estilo tem dificuldade de dialogar com o Comercial. O GPM é o único que pode equilibrar essa situação.

Se o produto tiver custo alto, o Gerente de Produtos tem de convencer todos a refazer todo o processo, isso de maneira muito rápida. O atacado, por exemplo, já sabe que não tem mais como lançar duas coleções ao ano; tem de lançar seis minicoleções. E isso obriga a confecção a mudar seus métodos, sendo o GPM quem pode fazer acontecer, trabalhando em conjunto com a Criação e o Comercial.

O mercado muda drástica e rapidamente e as informações de mercado são vitais para o desempenho da função do GPM.

Conhecer as tendências que estão na rua pode ser a diferença entre sair na frente ou chegar atrasado. O Gerente de Produtos de Moda também precisa absorver essas informações e agir rápido, sem perder de vista que a empresa deve colocar no mercado produtos de moda com qualidade e preços competitivos.**"**

* Evandro Lima é Gerente Operacional do Mega Polo Moda, em São Paulo.

NOTAS

[1] "Estamos cansados da globalização". Entrevista de David R. Shah ao M DE MULHER. Disponível em: <http://mdemulher.abril.com.br/trabalho/lola/estamos-cansados-da-globalizacao-diz-expert-em-tendencias>. Acesso em: 2 jul. 2015.

[2] "Estamos cansados da globalização". Entrevista de David R. Shah ao M DE MULHER. Disponível em: <http://mdemulher.abril.com.br/trabalho/lola/estamos-cansados-da-globalizacao-diz-expert-em-tendencias>. Acesso em: 2 jul. 2015.

[3] Sobre esse assunto, consulte: BARBIERI, Giovanna et all. **O homem diferenciado**. São Paulo, 2006. Trabalho de Conclusão de Curso (Graduação em Moda) – Universidade Anhembi Morumbi.

4

PESQUISA DE MARKETING EM MODA

O marketing alimenta-se de informação. O governo altera as regras do mercado, a conjuntura muda, os consumidores transformam-se mais rapidamente que supomos, os concorrentes diversificam-se... Toda e qualquer mudança de mercado resulta em oportunidade ou ameaça ao seu negócio. As informações estão na empresa e no mercado. Como GPM sua responsabilidade é captar, analisar e agir. Mais do que ter acesso à informação, é primordial como você e sua empresa irão interpretá-la e o que ela representa para sua marca.

O GPM não é um "pesquiseiro", mas um usuário e gestor da informação e da pesquisa de marketing. As decisões de marketing precisam de informações consistentes. Uma das mais difíceis funções do GPM é a de sensibilizar a empresa para conviver com a informação de marketing e gerenciar seu uso. Não é uma tarefa simples. Na maioria das vezes é necessário enfrentar hábitos arraigados na intuição (do tipo, "tenho x anos de experiência", "conheço o mercado e meus clientes", "sempre fiz assim e não é alguém com menos experiência que vai me ensinar"). No entanto, para tomar decisões, principalmente em pesquisa de marketing, é necessário conhecer suas técnicas e os profissionais da área. Como outras atividades de marketing, a pesquisa tem seus segredos. Será altamente provável que os resultados da pesquisa obriguem outras áreas a alterar padrões ou adotar novos processos e atitudes. Use todo seu talento de GPM para administrar as vaidades e coordenar o processo de mudanças necessárias junto às áreas envolvidas.

SISTEMA DE INFORMAÇÕES E INTELIGÊNCIA DE MARKETING

As informações existentes na empresa são o alicerce do Sistema de Informações de Marketing.

Os clientes reclamam do prazo de entrega depois do pedido feito? Considere o fluxo:

Pedido ⇨ Produção ⇨ Estoque ⇨ Entrega ⇨ Pagamento

Em algum ponto desse processo você terá a resposta para melhor atender o cliente.

Toda empresa tem – algumas mais, outras menos – registros de históricos de produção, vendas totais (por área/produto/loja), sistemas de custeios e aperfeiçoamento de processos de produção, melhoria de custos e de rentabilidade operacional e de logística, índices de inadimplência, entre outros dados.

Que decisões você quer tomar para a próxima coleção? E para o ano seguinte?

Muitas das informações necessárias se encontram nos registros da empresa. Se sua empresa não tem esse arquivo de dados, cuide para que comece a ter.

As informações existentes no mercado integram o Sistema de Inteligência de Marketing.

Por exemplo: o que significa a empresa Marisol comprar e fazer a gestão das marca Lilica Ripilica, além da própria Marisol? O grupo Paquetá comprar a Cappodarte? Isso é uma tendência com base nas aquisições realizadas por conglomerados internacionais como LVMH e Sara Lee? Grupos brasileiros, como AMC Têxtil, Restoque e Inbrands, para mencionar apenas alguns, também têm se lançado em administração de marcas. Como está o crescimento das vendas nos atacados do Brás, Bom Retiro e nos polos regionais de Cianorte, Maringá, Goiânia, Fortaleza e Belo Horizonte? Que propostas de comportamento e de moda a nova novela das 9 trará?

É fundamental avaliar, discutir e pesquisar qual o impacto das informações nos negócios. Para que as informações e inteligência agreguem valor ao seu trabalho, é preciso constância e compartilhamento.

Constância

Buscar informações apenas quando você precisa é inútil, pois, se as informações forem parte de uma tendência, as interpretações serão parciais – o resultado será dinheiro e tempo jogados fora. Portanto, estruture um sistema que lhe forneça um fluxo contínuo de informações.

Compartilhamento

Discuta cada novidade com seus pares: equipe, estilistas, pessoal de chão de fábrica, área financeira, vendedores, clientes e canais de distribuição.

Nas reuniões semanais da empresa, nos almoços com colegas, trocando e-mails com amigos da mesma área, informe, dê sua opinião e... ouça!

As fontes de informações usadas pela Inteligência de Marketing são o macroambiente (ambientes demográfico, econômico, sociocultural etc.), como vimos no Capítulo 2. Crie o hábito!

PESQUISA DE MARKETING DE MODA

Além dos Sistemas de Informações e de Inteligência de Marketing, o GPM não pode abrir mão dos projetos de pesquisa de marketing.

A pesquisa de marketing pode parecer uma ameaça aos estilistas e designers – os chamados "monstros sagrados" da alta-costura não utilizam esse recurso para suas criações, isto é, pesquisar o mercado e dar ouvidos aos clientes. Por que, então, estilistas e profissionais de moda deveriam fazer uso da pesquisa de marketing?

A resposta está nas condições do mercado de consumo. A competitividade pressiona muitas empresas (confecção e varejo) a buscar e atingir patamares de desempenho comercial que garantam sua continuidade por meio de aspectos que seus mercados-alvo percebem como valores. Aqui, há três elementos fundamentais que o GPM não pode esquecer: mercados-alvo, percepção e valores. A pesquisa de marketing de moda sempre deve considerar esses aspectos. Sempre!

Jamais comece uma pesquisa de marketing sem saber: qual o problema de marketing a ser resolvido e quais as decisões que serão tomadas com os resultados da pesquisa.

PROJETO DE PESQUISA DE MARKETING

O primeiro passo acontece antes de a pesquisa começar. É interrogando: qual o problema de marketing que a pesquisa deve responder? O problema surge sempre em marketing, não na pesquisa. A pesquisa possibilita respostas para auxiliar os executivos a tomarem as decisões corretas.

O passo seguinte é responder: o que fazer com as informações fornecidas pela pesquisa? Por isso, não tenha nem perguntas demais nem de menos, que só resultam em respostas que dificultam as decisões.

Alan Grabowsky, presidente da Ábaco Research, afirma que alguns profissionais "[...] usam a pesquisa como um bêbado usa um poste: para se apoiar e não para iluminar o caminho. A pesquisa não decide para você; ela aponta caminhos por onde terá mais probabilidade de sucesso e menos risco de errar".[1]

As empresas de pesquisa de marketing no mundo e no Brasil recomendam que o projeto seja desenvolvido em etapas sequenciais e sugerem um padrão ideal, mas, frequentemente, este não pode ser cumprido nas condições ideais. Somente "pule etapas" ou mude as regras, porém, com supervisão de um profissional; evite a intuição que, em pesquisa, costuma ser mortal para os resultados.[2] O prazo curto e o orçamento pequeno para se tomar decisão são ameaças constantes para que um projeto de pesquisa tenha bons resultados, mas procure cumprir todas as etapas recomendadas. As decisões de pesquisa são de responsabilidade da Gerência de Marketing e/ou de Produto – fazer pesquisa é para profissional especializado.

GERENCIANDO O PROJETO DE PESQUISA DE MARKETING

Aqui nosso objetivo é sugerir o gerenciamento do processo de pesquisa do ponto de vista da Gerência de Marketing ou Produtos, isto é, do usuário da pesquisa, tendo por base os preceitos de Kotler e

Armstrong (2007), conforme veremos a seguir. Todavia, o processo é o mesmo, o que muda é o papel de cada um: o do usuário, o do gestor da pesquisa e o do executor da pesquisa.[3]

Definição do Problema, Alternativas de Decisão e Objetivos da Pesquisa

O problema de marketing gera a discussão das alternativas para as decisões possíveis, e, por conseguinte, serão estabelecidos os objetivos da pesquisa. Ou seja, não defina os objetivos de pesquisa sem antes saber qual é o problema de marketing a ser resolvido.

Quem você deve convidar para discutir? Estilistas, designers, supervisores de produção, vendedores e, claro, a direção da empresa.

Desenvolvimento do Plano de Pesquisa

Aqui é necessária a presença de profissionais de pesquisa. Há novas tecnologias para se captar informações e analisá-las em prazo exíguo. Nessa fase, é desenvolvido o plano para se coletar as informações necessárias, na melhor relação custo-benefício – qualidade da informação no menor custo e prazo possível. Em geral, utilizam-se duas formas de pesquisa: a qualitativa (quali) e a quantitativa (quanti).

Quali[4]

A pesquisa qualitativa aponta tendências, envolve o mundo abstrato/intuitivo, valores, emoções e afetos, subjetividade, desejos e anseios. É usada para compreender, investigar mais profundamente as motivações, percepções e sentimentos do consumidor e, também, para levantar hipóteses, identificar atributos relevantes, clarificar conceitos, conhecer a linguagem usada e dar subsídios para a pesquisa quantitativa, quando esta for recomendada.

Os estudos nos quais se aplica uma pesquisa quali são os motivacionais e exploratórios para novos conceitos de comunicação, de produto, de embalagem, de nomes, de posicionamento de marca etc.

Quanti

A pesquisa quantitativa dimensiona a realidade, focaliza o mundo concreto (20% gostam; 60% não gostam; 20% não têm opinião formada), trata dos aspectos mensuráveis, descreve comportamento, identifica o tamanho das oportunidades, testa hipóteses.

Gerência de Produtos de Moda

Os estudos nos quais se aplica uma pesquisa quantitativa são para conhecer o tamanho do mercado, medir penetração de produtos e marcas, testar produto, medir *top of mind*, grau de conhecimento, uso e interesse, ou seja, ela permite identificar prioridades, dar peso aos aspectos positivos e negativos, escolher entre alternativas de produtos, de nomes, de embalagens, descrever características de perfil de consumidor, dimensionar segmentos, verificar existência de relação entre variáveis, em resumo, estudos para identificar, dimensionar e medir.

Quando o assunto é moda, em que é importante compreender os diversos estilos de vida de pequenos segmentos de gostos diferenciados, a pesquisa quantitativa também é para mensurar os segmentos do mercado consumidor e os nichos de grande potencial e, ainda, verificar as hipóteses levantadas na pesquisa qualitativa.

Desenvolver os roteiros dos estudos quali e os questionários dos estudos quanti é responsabilidade dos analistas de pesquisa, mas o GPM tem que analisar esses documentos com extremo cuidado e só aprová-los se – e somente se – forem responder aos problemas de marketing. Não perca o foco!

Coleta de Informações

Essa etapa é a maior responsável pelos prazos e custos de uma pesquisa de marketing. Veja que um mesmo segmento-alvo tem pessoas com diferentes estilos de vida e, por conseguinte, motivações diversas para a compra. Por isso mesmo recomendamos entrevistar todos os segmentos, tanto quali como quantitativamente.

A variável mais importante é o prazo: portanto, comece o projeto de pesquisa de marketing quanto antes, pois há sempre surpresas em todo processo de serviços. Qualquer instituto de pesquisa tem condições de aconselhá-lo com exemplos do que evitar.

Quali

As metodologias mais usadas para a coleta de informações são as discussões em grupo (*focus groups*) e entrevistas em profundidade. Para as discussões em grupo, há sugestão de temas que os profissionais de pesquisa, conversando de maneira aparentemente despretensiosa, encaminham às pessoas do grupo para discussão (e pesquisa) dos assuntos de interesse.

Atualmente, cresce a importância da pesquisa etnográfica que consiste em acompanhar o consumidor nas suas compras para tentar entender seu comportamento e suas motivações.

Quanti

Na coleta de dados, a pesquisa quantitativa faz uso da técnica estatística de amostragem para, desse modo, interpretar dados e planejar decisões com precisão.

A metodologia utilizada é a entrevista presencial, por telefone, autopreenchimento ou observação.

Na maioria das vezes, a coleta de dados é por meio de um questionário estruturado com perguntas fechadas, ou seja, o entrevistador anota as respostas do entrevistado numa lista de opções preestabelecidas.

A coleta de informações via internet requer cuidados especiais. Lembre-se: não é pelo fato de ser um meio rápido de se obter respostas que poderá ser utilizado em qualquer situação. É importante consultar os profissionais que se mantêm atualizados sobre as restrições e perigos na internet.

Na pesquisa de marketing de moda, isso é ainda mais relevante. O consumidor por vezes não sabe explicar exatamente o que deseja, muito menos o porquê, mas, se você apresentar algumas opções, é bem possível que ele sinalize sua preferência.

Novas tecnologias e pesquisas, do tipo Testes de Conceitos Visuais, são muito indicadas para orientar a tomada de decisões na moda. As técnicas mais modernas contam com ferramentas capazes de testar dezenas ou até centenas de ideias simultaneamente, avaliando todos os componentes do Marketing Mix (M.Mix) no mesmo estudo: designs, cores, tecidos, marcas e opções de preço. E tudo isso num curto espaço de tempo, afinal, na moda a urgência é sempre fundamental, pois a escolha das datas dos lançamentos das coleções é uma decisão estratégica.

Em outras palavras, se quiser saber o que o consumidor pensa, não pergunte: teste!

Análise das Informações

Essa é a fase que os pesquisadores demonstram sua capacidade de analisar, de compreender a realidade pesquisada, de tratar as informações, concluir e recomendar.

Tanto na pesquisa quali como na quanti, a análise das informações exige experiência e talento dos analistas. Relacionar respostas de cada segmento, quantificar os perfis desses segmentos e suas preferências, concluir e recomendar ações é trabalho para um profissional com muita competência.

O desafio para o GPM será observar e exigir que as análises estejam estreitamente ligadas aos problemas de marketing e aos objetivos da pesquisa determinados na fase inicial.

Em resumo: exija que o foco das informações coletadas responda às preocupações de marketing. Para isso, tenha em mãos referências profissionais dos analistas responsáveis pelo seu projeto e discuta com eles suas expectativas.

Nesta fase, surpresas, nem pensar!

Apresentação dos Resultados

Essa apresentação deve ser feita na reunião com gerências e direção da empresa. Como destacamos, o GPM terá de coordenar as mudanças a serem estabelecidas com a pesquisa, portanto, ganhe tempo, reunindo as diversas áreas da empresa – a participação nessas reuniões é fundamental. Primeiramente, porque o GPM transmite um clima de que é importante todos trabalharem juntos; com isso, cada um poderá se sentir parte das soluções recomendadas pela pesquisa; e, finalmente, porque você depende do trabalho das outras áreas.

O fato de uma empresa de pesquisa ser independente e, por conseguinte, isenta profissionalmente tira aquela impressão que alguns indivíduos na empresa têm de ser assunto pessoal do GPM a favor de uns e contra outros.

Discuta com os analistas as conclusões, mesmo se estiverem contra seu pensamento ou dos diretores da empresa. Pesquisa não é para referendar decisões preestabelecidas. E promova a participação de todos na reunião, mesmo daqueles que não costumam discutir os resultados da pesquisa. Certamente, você se beneficiará dessa integração. Agregue!

Tomada de Decisão

Como GPM, você deverá recomendar decisões com base nos resultados da pesquisa de marketing. A pesquisa apoia e direciona decisões, mas não decide. Quem decide? Você, seus diretores e colegas da empresa.

BRIEFING DE PESQUISA

Um bom projeto de pesquisa de marketing precisa de um briefing – uma peça que informa ao fornecedor (de pesquisa ou de comunicação) o que há de mais importante a ser desenvolvido, com base nos objetivos de marketing. São elementos de um briefing de pesquisa de marketing:

- produto, serviço ou loja: histórico, situação atual, comparação com concorrentes e planos futuros (eliminar linha de produto, lançar novas coleções a novo segmento, abrir novos pontos de venda (PDVs), agregar serviços etc.), pesquisas de marketing já realizadas e seus resultados, histórico da evolução do estilo das coleções;

- identificação do problema de marketing: o que se quer resolver/decidir;

- objetivos da pesquisa: o que queremos saber, hipóteses a serem testadas – como a limitação de verba poderá dificultar a inclusão de todos os objetivos na mesma pesquisa, é importante separar os principais dos secundários;

- público a ser pesquisado: clientes, não clientes, parceiros comerciais, força de vendas, canais de distribuição, concorrentes, locais de consumo, ocasiões de uso etc.;

- prazo: informar para quando precisa dos resultados, quando será o lançamento da campanha/coleção, loja etc.; e

- detalhes: pessoas envolvidas, destinos de eventuais viagens, forma de apresentação de relatório (PowerPoint *versus* relatório escrito *versus* outra forma), disponibilidade (ou não) de protótipos e produtos para testes, como será a execução de comunicação a ser testada, autorizações especiais (para pesquisar em hospitais, em shoppings, em outro país), outras facilidades e dificuldades para coleta de informações etc.

RELACIONAMENTO EMPRESA-INSTITUTOS DE PESQUISA

É comum o GPM ter amigos profissionais de pesquisa que são freelancers (pesquisadores independentes, que não têm vínculos com as empresas de pesquisa). Tudo bem se o amigo é competente, ético e cumpre com os prazos, pois é bem possível que o preço seja inferior ao cobrado pelas empresas. Mas... a exclusividade não é uma decisão prudente!

Procure ter também, como fornecedores habituais, uma a duas empresas de pesquisa de marketing. A ampla experiência do profissional sênior de pesquisa, em vários setores, é um ingrediente valioso na análise dos resultados: economiza tempo e dá mais objetividade ao projeto. E ninguém vai dizer que a pesquisa confirma sua opinião ("a pessoa é sua amiga...").

Descarte a política de fazer concorrência de preço a cada estudo. O *Return on Investment* (ROI) da pesquisa bem-feita costuma ser enorme, até centenas de vezes o valor investido, o que faz economizar na qualidade dos analistas e nos procedimentos de campo.

Tenha com os fornecedores contratos de longa duração pois estes conhecerão melhor a cultura da empresa, seus problemas de marketing, os aspectos fortes e fracos e seus concorrentes etc. Igualmente, estarão motivados a sempre trazerem novidades. Isso tudo faz com que os estudos tenham por base a realidade da empresa, indo além do que está no briefing. Certamente terá melhor qualidade nos resultados, os prazos e custos podem ser menores e as reuniões mais produtivas.

A cada cinco anos, promova uma nova concorrência para atualização em tecnologias de pesquisa, como também em preços, o que não, necessariamente, implica rodízio de fornecedores – se os fornecedores forem profissionais, você terá sempre o que há de melhor em pesquisa de marketing.

Lembre-se: o mais importante de um estudo de pesquisa de marketing são os profissionais responsáveis pelo trabalho. A pesquisa de marketing é um serviço, portanto, os resultados são intangíveis (só podem ser medidos durante e após o trabalho). Sua tarefa na empresa será mais bem avaliada pelos superiores e colegas, se a experiência dos profissionais de pesquisa transmitirem a você a confiança da qualidade do trabalho. Isso também é importante: saber como você é avaliado por todos na empresa.

NOTAS

[1] Alan Grabowsky é graduado em Psicologia Experimental, nos Estados Unidos. Começou sua carreira no Brasil em pesquisa de propaganda, para apoiar o processo criativo na Almap (na época Alcântara Machado, Periscinoto Comunicações). Participou de mais de mil estudos em pesquisa de propaganda e comunicação, de produtos, de comportamento, com resultados altamente positivos para as marcas (de *mind share* e de vendas). Presta serviços para empresas brasileiras e internacionais no Brasil, e, em 2006, por sua atuação recebeu o prêmio Best International Research Paper Award for Best Paper Presented do Congresso Internacional da European Society for Opinion and Marketing Research (ESOMAR). É membro da ESOMAR e da Sociedade Brasileira de Pesquisa de Mercado (SBPM).

[2] Consulte: CLANCY, Kevin. Abaixo a intuição. **HSM Management**, de jul.-ago. 2002, p. 26-32.

[3] Para melhor compreensão do processo de pesquisa de marketing, sugerimos as leituras de Malhotra (2005), Faria e Faria (2009) e Samara e Barros (2007).

[4] Conceitos e técnicas extraídas de uma palestra proferida na Universidade Anhembi Morumbi, em agosto de 2004, pela analista de pesquisa Maria Luiza Marco Leal . Mara, como é conhecida, é formada em Ciências Sociais pela Universidade de São Paulo (USP) e tem experiência de mais de 25 anos em pesquisa de mercado. Trabalhou para a Almap, McCann Ericson e Research International, nas áreas de Pesquisa de Mercado e Planejamento Estratégico. Atualmente, é Diretora Executiva da Ábaco Marketing Research. Sócia-fundadora da SBPM e membro da diretoria em duas gestões, possui trabalhos apresentados e publicados em associações e congressos no Brasil e no exterior. É membro da ESOMAR e da SBPM.

5

DESENVOLVIMENTO DE COLEÇÃO E DE PRODUTOS: O PROCESSO

Na gestão de produtos, por que enfatizar o processo de desenvolvimento de coleção e de produtos?

Porque nas empresas há a constante necessidade da busca pela melhoria da produtividade e da lucratividade e para alcançá-las é fundamental a atenção ao processo como um todo.[1]

VISÃO SISTÊMICA

O pensamento sistêmico tem origem na organização da complexidade do mundo. Jabur (2014, p. 6) destaca: "A resolução dos problemas a partir de um extenso olhar para o todo, em vez de uma análise específica das partes, representa, em grande parte, as preocupações do estudo e desenvolvimento da visão sistêmica." O autor acrescenta ainda que "[...] o conceito do todo é diferente do conceito da soma das partes, porque quando as partes estão agregadas e formando o todo, este se torna uma estrutura independente, com papel distinto do papel das partes" (JABUR, 2014, p. 6).

Com efeito, as empresas são o resultado da organização dos meios de produção, agregados aos recursos humanos e capital, de modo que sua constituição implica a formação de uma estrutura própria, viva e independente de seus elementos.

Assim, a empresa, na realidade, é sempre um sistema empresarial. Em razão disso, as empresas devem ser levadas a operar com fundamento em sua autovisão sistêmica.

É totalmente ultrapassado pensar a empresa fora dessa ideia de sistema, pois de fato é o que ela é.

Logo, embora as empresas sejam constituídas de vários departamentos, para a maior eficiência e eficácia quanto aos seus resultados, não se deve deixar de considerar seu sistema empresarial enquanto estrutura viva e inter-relacionar todas as suas partes.

Ao contrário do que muitos líderes acreditam, o desempenho focado exclusivamente na preocupação com o resultado do seu próprio departamento está fadado à perda dos ganhos de sinergia sistêmica, principalmente tratando-se da gerência de produtos.

O Gerente de Produtos de Moda (GPM) é um profissional que tem o dever de interagir com todas as áreas da organização empresarial. Deve ter o domínio e acompanhar desde o planejamento, passando pela gestão dos produtos, até a venda final.

Isso porque o produto é a expressão material do próprio mercado a ser atingido pela empresa e determina, então, o eixo em que são desenvolvidas as atividades mercantis, daí a abrangência da tarefa do gerenciamento de produtos.

Desprezar a sinergia sistêmica de modo a não a planificar, contando apenas com a natural inter-relação das partes da empresa somadas entre elas, é abrir mão de ganhos da otimização da cadeia produtiva em detrimento da eficiência e eficácia da empresa, que reduz negativamente sua vantagem competitiva.

CRONOGRAMA

Por ser a expressão física do tempo empresarial, o cronograma é sempre implacável. É visto como um monstro difícil de ser controlado. Entretanto, ainda que este seja um dos aspectos mais difíceis de ser administrado pelo GPM, não pode ser esquecido ou banalizado. Pelo contrário, o cronograma deve sempre ser executado e respeitado.

O respeito a ele é uma vantagem competitiva e assegura diretamente o cumprimento do planejamento original do produto. É milenar a regra de que "tempo é ouro".

Dentro da visão sistêmica e do processo de otimização, o cronograma é uma das mais importantes ferramentas de eficiência e eficácia de trabalho.

É muito mais que um gráfico demonstrativo do início e do término das diversas fases de um processo operacional, dentro das faixas de tempo predefinidas, na realidade, é também a previsão das etapas, atividades e dos prazos para a execução de todo um planejamento predeterminado para assegurar a lucratividade da empresa. Sua forma deve ser elaborada de modo a permitir a rápida visualização e garantir o controle.

O cronograma é parte integrante e uma ferramenta indispensável de planejamento, por meio da qual definimos as atividades que serão realizadas num projeto, em determinado período para que se alcancem os objetivos preestabelecidos.

Com ele é possível se definir etapas, atividades, responsáveis, períodos e prazos, e fazer com que o planejamento seja cumprido corretamente.

Os atrasos causados são limitadores para o sucesso de uma nova coleção, podendo levar ao seu fracasso de modo irreversível.

É lamentável, porém, que sempre haja diversos prejuízos financeiros causados por cronogramas mal elaborados ou não cumpridos. Cada empresa tem um tipo diferenciado de cronograma, de acordo com metas preestabelecidas.

O fator oculto para o sucesso de um cronograma são as pessoas!

CONCEITOS-CHAVE DE DESENVOLVIMENTO DE PRODUTOS

Para Kotler e Armstrong (2007), a função de GP foi criada na Procter & Gamble, em 1929, para o sabonete Camay. Nas empresas de bens de consumo e nas de bens de compra comparada, os produtos conservam a mesma base por meses e até anos, apenas com pequenas alterações; na moda os produtos têm seus ciclos de vida muito curtos, conforme as estações: outono/inverno, verão, alto verão etc. E dentro de cada estação, é preciso considerar as inumeráveis nuances de cada segmento de mercado e impacto do fast-fashion, que implica não repor os mesmos produtos no estoque, e sim renovar sempre com leves alterações sobre a versão anterior. Portanto, a velocidade das mudanças é muito maior que em qualquer outra área. Pense nisso: o trabalho, além de ser muito maior, é diferente.

As coleções e produtos são desenvolvidos pela empresa de moda em determinada sequência e englobam, desde descobrir tendências até decidir sobre liquidações. No processo de desenvolvimento de produtos, o estilista ou designer e sua equipe são os responsáveis pela criação dos modelos de toda a coleção, mas esta é pautada de acordo com as regras e pressupostos coordenados pelo GPM para que se atinja o resultado esperado pela empresa.

A equipe de criação trabalha com padrões e limites de custo preestabelecidos pela capacidade de produção e custo-alvo. Portanto, a responsabilidade do desenvolvimento de coleção não é apenas de um único setor, ou seja, do setor de criação. Nesse processo todos devem estar envolvidos. Os departamentos que integram o processo têm de estar focados em atingir, cada qual, seus objetivos específicos e, ao mesmo tempo, trabalhar com integração, sincronizando os trabalhos de cada função para alcançar equilíbrio, sinergia e, claro, uma vantagem competitiva. Você é o responsável por liderar esse time, é o elemento intercalar, mais que um chefe, é um coordenador que assume o papel de facilitador.

Modernamente se tem verificado que, ao contrário de um feitor, principalmente em razão dos direitos trabalhistas, inclusive os de proteção contra o assédio moral, o GPM deve permear suas atitudes e comportamento pela compaixão, desenvolvendo a arte do convencimento e o discurso de encantamento. Com condolência, convencimento e encantamento, o ganho de eficiência do GPM é sempre superior à atitude opressiva e desagregadora que desestimula a equipe e destrói o sentimento de unidade coletiva.

Kotler, Kartajaya e Setiawan (2010, p. 81) destacam que "[...] os empregados são, na realidade, os consumidores mais próximos das práticas da empresa. Precisam ser fortalecidos com valores autênticos. As empresas precisam usar com seus empregados a mesma abordagem de contar histórias que usam com seus consumidores".

Agir com compaixão, convencimento e encantamento não significa perder a firmeza ou mitigar responsabilidades. O GPM deve saber lidar com os pensamentos e sentimentos das pessoas e, assim, garantir que as prioridades da empresa, como os requisitos dos produtos, produção, qualidade e entrega, sejam realizados no tempo preestabelecido. Frings (2008, p. 63) lembra que: "Por ser a moda um produto de mudança, um senso de tempo adequado (a habilidade de entender

Desenvolvimento de coleção e de produtos: o processo

a velocidade de aceitação e mudança), é um importante recurso para todos os envolvidos no desenvolvimento de produto ou no marketing numa empresa de Moda."[2]

Você como GPM precisa conhecer todo o processo de desenvolvimento de produtos em moda, tanto para uma simples alteração de um único produto quanto de coleções completas. Algumas etapas, você apenas acompanhará; em outras, será envolvido até a alma. Muitas vezes sua lição de casa será preparar as decisões de marketing para orientar produção e financeiro. De qualquer maneira, você sempre participará. Lembre-se: que um processo é invariavelmente dinâmico; as coisas mudam de coleção para coleção, de pessoa para pessoa, na chegada de um novo software que altera o que está sendo utilizado há tempos; nas diversas situações de zona de conforto de todos. É desgastante, incomoda, traz incertezas, mas compensa!

No desenvolvimento de uma coleção, você terá três tarefas fundamentais e elas tomarão todo o seu tempo – que, em geral, será insuficiente.
• Negociar com todas as áreas o tempo todo, coordenando o desenvolvimento dos produtos/coleções (você não terá autoridade em todas elas, a saída, então, é desenvolver sua habilidade de negociar).
• Cumprir e fazer com que todas as áreas e fornecedores envolvidos cumpram o cronograma.
• Cuidar de todo o Marketing Mix (M.Mix) conforme a etapa do desenvolvimento; para isso terá de trabalhar com os departamentos Financeiro, Comercial e de Comunicação, com os fornecedores, com o responsável pelo Visual Merchandising etc.

VISÃO, MISSÃO E VALORES

Vimos que o produto é mais que seu objeto. Para que a gestão de produtos em moda esteja condizente com a identidade da empresa, o planejamento estratégico a ser implementado por você tem que partir do pressuposto da definição de visão, missão e valores. Algumas empresas não estabelecem esses três elementos formalmente, embora devessem fazê-lo, ou nem sequer os têm; outras sim, mesmo que não descritos formalmente. Vindos do proprietário, do investidor ou mesmo, após cursos diversos, de pessoal profissionalizado, esses elementos necessitam ser identificados e formalizados. É preciso saber quais são, pois esses são de extrema importância e irão definir o posicionamento estratégico da empresa, ou seja, a razão da existência da empresa, o que ela almeja e quais os princípios, crenças e questões éticas.

Em resumo, há que se consolidar uma orientação para as metas para quem fabrica/estoca/vende, assim como para o comportamento e as atitudes da empresa, em especial, da diretoria, funcionários e colaboradores.

CLASSIFICAÇÃO DE PRODUTOS DE MODA

O produto de moda deve atender a esta integração quântica em todas as suas classificações. Observam-se nos produtos de moda os seguintes tipos: básicos, básicos tendência, fashion, vanguarda, modismo e oportunidade.

Produtos Básicos

São aqueles geralmente relacionados com o estilo de vida das pessoas e de presença constante ao longo das coleções de uma empresa, com baixos níveis de mutabilidade em suas características fundamentais. O produto básico não necessariamente tem de ser universal, de modo a atender a todo e qualquer consumidor. É evidente que o produto básico, como qualquer outro, foca uma necessidade ou um desejo específico, de maneira que, embora básico, é normal que esse tipo de produto possa ser desenvolvido para segmentos específicos. O que caracteriza o produto básico é sua utilidade genérica em torno da necessidade ou desejo e, além disso, sua expressiva longevidade e seus baixos índices de obsolescência, como ocorre, por exemplo, com a polo básica da Lacoste, produzida há décadas, com a t-shirt básica, o jeans básico etc.

Produtos Básicos Tendência

Mesmo os produtos básicos devem ser reinventados a cada coleção, de maneira a manter seu público consumidor permanentemente estimulado e, se possível, fidelizado. O fato de o produto ser básico não significa que ele não possa acompanhar a evolução da indústria da moda. O produto básico, nessas circunstâncias, não perde sua característica, embora a cada coleção deva seguir as tendências da moda e inclinar-se para os produtos fashion e de vanguarda, como as batas básicas, calça básica boca de sino etc.

Produtos Fashion

São aqueles que concretizam as tendências de moda por ocasião de sua criação. São desenvolvidos diante das últimas tendências demandadas pelo mercado, buscando-se atender ao pressuposto da novidade. Seu dado característico não é a inovação, porquanto tem como elemento central o enquadramento numa percepção de tendência de moda pré-constituída. Ou seja, o produto fashion é desenvolvido de uma ideia preexistente e consagrada nos meios da moda, embora atual e nova, no sentido de novidade, como as peças com estampas florais, com bordados etc.

Produtos de Vanguarda

Diferentemente dos produtos fashion, os produtos de vanguarda não partem de uma ideia de mercado preconcebida. São inovadores, de maneira que não seguem as tendências, muito menos as características consolidadas dos produtos básicos. Isso não significa que os produtos de vanguarda não possam ser uma derivação dos produtos básicos ou dos produtos fashion.

Afinal, uma calça, será sempre uma calça. Um bom exemplo é Jum Nakao, que se notabilizou por suas criações de vanguarda por meio do uso de matérias-primas inusitadas em suas coleções. Um dado relevante sobre os produtos de vanguarda corresponde ao sentimento que eles provocam no público consumidor, um misto de perplexidade e curiosidade que não necessariamente se traduz em bons níveis de venda.

Mesmo sabendo que poderá ter baixos níveis de venda, a maioria das empresas separa, em seu mix de produtos, uma parte para produtos de vanguarda, uma vez que a presença deles associa ao portfólio a ideia de permanente inovação, o que denota a imagem de uma empresa que vai além de meramente atualizada, realizadora de investimentos e preocupada em não ficar para trás.

Sem contar que parte do portfólio de produtos de vanguarda serve ainda de laboratório junto ao público consumidor no tocante às tendências que virão.

Produtos de Modismo

São aqueles que surgem de uma verdadeira explosão de um comportamento específico, normalmente previamente adotado por um formador de opinião, junto à população, que responde imediatamente por meio da adoção desse comportamento.

O fenômeno recente exemplar dessa categoria é o jogador de futebol Neymar Jr. Com o corte de seu cabelo, tem provocado essas explosões comportamentais. Podemos citar ainda, no Brasil, as novelas e os respectivos personagens que influenciam os modismos, não apenas a maneira de se vestir, como também as expressões que cada artista adota para seu personagem, por exemplo, a fita da viúva Porcina (em *Roque Santeiro*, 1985), o anel da Jade (em *O Clone*, 2001), o vestidinho da Vitória (em *Belíssima*, 2006), as expressões "catchigoria" (em *Paraíso Tropical*, 2007), "não obstantemente" (em *O Bem-Amado*, 1973).

Produtos de Oportunidade

São aqueles relacionados com eventos próprios da cultura da comunidade, que tenha apelo suficiente para ditar, na respectiva oportunidade, um comportamento específico.

Normalmente, tais eventos são tão impactantes que chegam a definir o calendário e até decretar feriado para celebração de sua realização. Na indústria da moda é emblemática a celebração do Ano-Novo, na qual é tradição o uso do branco e roupas íntimas coloridas (amarelo para atrair dinheiro, vermelho para atrair paixão). Outros eventos extraordinários também têm potencial impacto, como a Copa do Mundo de Futebol ou as Olimpíadas.

CICLO DE VIDA DOS PRODUTOS

Do lançamento até o encerramento definitivo de sua oferta pela empresa, o produto tem uma trajetória determinada pela assimilação, participação e longevidade perante o mercado. Tal como o ciclo da vida humana, o produto normalmente tem seu nascimento, crescimento, maturidade e morte. Sobre esse ponto de vista, é evidente que o produto pode, desde seu lançamento se antecipar, precocemente, em qualquer um dos estágios seguintes do ciclo de vida e, até mesmo, nascer morto. Assim sendo, você deve enquadrar no ciclo de vida os produtos sob sua responsabilidade e acompanhar a dinâmica desse enquadramento. A figura a seguir esclarece os estágios do ciclo de vida do produto.

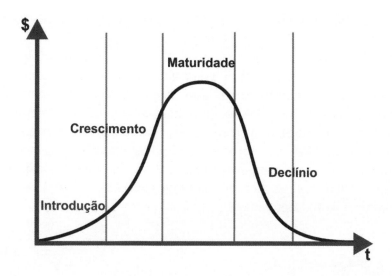

Figura 5.1: Ciclo de Vida do Produto

Introdução

Período de lançamento e início do estímulo da demanda, com baixo nível de vendas, uma vez que o produto está sendo lançado no mercado. Esse estágio é uma fase de investimento, de modo que, normalmente, não é tempo de lucros, em virtude dos respectivos custos de introdução e estímulos do produto.

Crescimento

Período de expansão, com incremento no nível de vendas, medido pela participação do produto no mercado e, por conseguinte, elevação do respectivo faturamento, que tende ao equilíbrio financeiro entre custo e receita, até a percepção de resultados positivos.

Maturidade

Período de estabilização da participação de mercado, com níveis razoáveis de vendas, considerando-se as expectativas comerciais de resultados. É o momento da colheita, com retorno do investimento e percepção de lucros, tendo em vista que o produto já alcançou a aceitação suficiente dos compradores potenciais. Os resultados se estabilizam e devem ser preservados. Esse é o grande esforço deste estágio, ou seja, a preservação da participação de mercados com resultados positivos.

Declínio

Período de desaceleração da demanda pelo mercado ou a redução da participação de mercado em favor de empresas concorrentes, tendendo a chegar a tal ponto que a manutenção do produto implique prejuízo (resultados negativos) ou até mesmo inviabilize a própria empresa, levando-a à falência. Se o produto é vivo e tem ciclo de vida, pode-se dizer que o declínio é uma doença e, por isso, o produto afetado deve ser imediatamente tratado e, normalmente, eliminado. O GPM deve ser extremamente focado neste estágio. Cuidado com o declínio.

Lucro, prejuízo ou zero a zero: é o resultado da gestão do processo de desenvolvimento de um produto. Quando o produto já está no mercado, pouco pode ser feito; muito pode ser feito na fase de planejamento, enquanto o produto está em desenvolvimento. Pense nos custos para produzir e troque ideias com as equipes ANTES. O mercado dá diretrizes para o preço, portanto quanto mais margem você puder obter no produto, mais opções sobre decisão de preço e quantidade você terá.

Observe que o GPM tem à sua disposição um método para analisar o desempenho da participação e competitividade do produto, uma categoria de produto ou um portfólio de produtos, assim como sua relevância, ou até mesmo nocividade, para a empresa.

Pelo modelo do Ciclo de Vida do Produto, observa-se o histórico dos produtos com relação às vendas. Com base nessa análise, a empresa passa a ter condições de desenvolver e implementar suas estratégias de marketing. Por exemplo, imagine uma empresa de vestuário, insistindo, nos dias de hoje, em concentrar a sua produção e esforços de vendas em cartolas. Seria desconsiderar totalmente o óbito declarado desse produto perante o público consumidor. Por outro lado, pode a empresa, pela análise do modelo do Ciclo de Vida, se reinventar, até o ponto de decifrar o mistério da "fonte da juventude", como faz as rentáveis empresas centenárias existentes pelo mundo, tal como a Levi's, fundada em 1853.

Frings (2008) entende que o ciclo de vida de moda passa por cinco estágios próprios.

1. Introdução

Nem todos os consumidores podem e querem adquirir o produto. Participam do lançamento apenas aqueles que têm poder aquisitivo compatível e que estão predispostos a novidades. Nesse estágio, as empresas mandam os modelos para formadores de opinião ou pessoas que tenham acesso a estes, ou seja, para atores e atrizes de novelas e filmes, blogueiras, revistas, assessores de imprensa, ou seja, pessoas que exercem influências em determinados grupos. Assim, estas podem usá-los em vários eventos importantes, sendo capazes de disseminar tais tendências para o público em geral.

2. Crescimento de Popularidade

Com o início do período de expansão das tendências, os preços das novidades normalmente estão mais elevados. A maioria das pessoas ainda não consegue adquirir os produtos. Nesse estágio, as empresas concorrentes da área de vestuário começam a se inspirar nos modelos propostos e a modificá-los ou até mesmo copiá-los e adequá-los para que tenham preços mais acessíveis ao mercado.

3. Pico de Popularidade

Com elevados níveis de concorrência, mais fabricantes começam a produzir tais modelos, em grandes volumes, e passam a oferecer para um mercado de massa a um preço acessível.

4. Declínio de Popularidade

Período de desaceleração da demanda pelo mercado, pois, por causa da massificação, as pessoas começam a vê-los por toda parte, ficam saturadas daqueles modelos e passam a buscar peças novas, na medida em que há uma rejeição corrente de "estar vestido igual a todo mundo". Nesse momento, as empresas instituem preços mais baixos e começam as liquidações.

5. Obsolescência

Começa a rejeição pelo produto. Os consumidores passam a descartá-lo porque este está fora de moda, a menos que faça parte do estilo de vida de um ou mais segmentos de pessoas, ou seja reinventado.

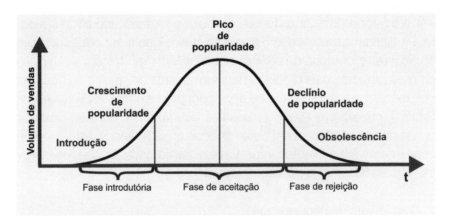

Figura 5.2: Modelo do Ciclo de Vida do Produto de Moda

Quanto ao GPM, este tem de aprender a interpretar a dinâmica do produto dentro desse mercado, pois a indústria de vestuário de moda se encontra num cenário de constante mudança, numa dinâmica incessante, devendo-se ter, na análise do ciclo de vida, especial atenção com estes três elementos: estilo, moda e modismo.

Estilo

É um modo distinto de se expressar, que pode durar gerações, independentemente de moda; é atemporal. Na área do vestuário, podemos exemplificar com o estilo clássico, estilo urbano, estilo esportivo, entre outros.

Moda

É a maneira adotada em caráter temporário e seu ciclo depende de até que ponto a moda satisfaz uma necessidade ou um desejo. Na indústria do vestuário, alguns exemplos são as estampas de fruta, determinadas cores dentro da estação, tipos de modelagem.

Modismo

É uma moda que surge rapidamente e é assimilada com grande entusiasmo, cresce rapidamente e, com a mesma rapidez, declina como as peças de roupa ou acessórios usados por atrizes ou atores de novela.

A dinâmica da moda é tão intensa que passa a ser extremamente difícil prever a duração de um ciclo de moda.

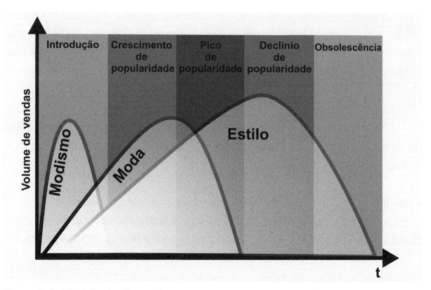

Figura 5.3: Modelo de Enquadramento do Cenário de Moda no Ciclo de Vida do Produto de Moda

PROCESSO DE DESENVOLVIMENTO DE COLEÇÃO E DE PRODUTOS
Pesquisa de Tendências

Essa etapa da pesquisa identifica as novas direções da moda, englobando as novas tendências de mercado e de comportamento do consumidor. Por meio da análise de tais comportamentos e atenção às mudanças no estilo de vida das pessoas e de suas necessidades, os envolvidos na pesquisa deverão ser capazes de identificar os pontos em comum que levam às tendências de moda e aos modismos – tecidos, cores, temas, formas, modelagens e estilo.

Dessa maneira, esses dados permitem conhecer o mercado e orientam as inspirações para as novas coleções. Por esse motivo, a inspiração da coleção não é irracional. Existe, na indústria da moda, uma criatividade racionalista, inclusive na categoria da vanguarda.

Um grande desafio e, talvez, o ponto crucial para os envolvidos nesse processo é saber identificar a velocidade de aceitação dessas novas tendências porque, lembre-se: quem chega primeiro "bebe na fonte água limpa". A seguir, veja alguns tópicos a serem considerados no processo de pesquisa de tendências.

- Acompanhamento dos hábitos de consumo

Como as pessoas de seu público-alvo estão se comportando? Por exemplo, foi tendência e hoje já é hábito o menor uso de ternos para homens trabalharem em escritórios. As confecções que demoraram a perceber a tendência tiveram problemas com altos estoques que não giraram e perderam dinheiro.

- Análise da concorrência

Como os concorrentes diretos estão trabalhando? Pelas tendências de comportamento do consumidor, é possível que haja outros concorrentes, diferentes daqueles que a empresa tinha no passado.

- Identificação dos temas de inspiração de outras marcas/estilistas

Conforme o posicionamento da marca, outros estilistas podem estar copiando suas inspirações ou você pode estar na contramão das tendências.

- Acompanhamento de novas opções tecnológicas

Acompanhar, não necessariamente copiar ou seguir, mas discutir isso na empresa, com base no comportamento do seu público-alvo. A oferta dos produtos chineses, com qualidade e baixos preços, em malharia retilínea, colaborou para o desinteresse da indústria de moda nacional quanto ao investimento em maquinários nesse setor.

• **Identificação de novas oportunidades produtivas regionais**
Novos polos industriais, de atacado e, portanto, de consumo, estão crescendo no Brasil. A empresa está aproveitando isso?

• **Leitura de publicações e olho nas novelas**
A mídia é a principal fonte de divulgação de tendências e influência de uso; "a novela das 9" é a grande divulgadora de tendências. Não é preciso "seguir a novela", mas observar a moda proposta. Revistas e jornais também publicam o que vem por aí e cada vez mais dão atenção à moda.

• **Ir ao teatro, cinema, galerias, livrarias, bibliotecas, shoppings, bares, museus, concertos, desfiles**
Ficar "antenado" com os acontecimentos fora de casa, não somente na internet.

• **Internet**
Para isso, nem precisam mais comentários, certo?

Definição do Tema da Coleção

Com base da pesquisa de tendências, a equipe de estilo escolhe uma inspiração que irá nortear toda a coleção. A inspiração se divide em temas, os quais irão englobar as informações de estilo, cores, tecidos, aviamentos, estampas, bordados, acabamentos, formas e modelagens a serem utilizadas na coleção.

Definição do Mix de Produtos

A empresa de moda não pode viver de um único produto. O GPM deve ter a consciência de que é imprescindível um conjunto de itens para sustentar as vendas necessárias à manutenção da atividade empresarial e distribuição de lucros ao seu proprietário.

• **Portfólio de produtos**
Consiste no conjunto de produtos e serviços que uma empresa oferece para venda no mercado. No caso da indústria do vestuário de Moda, identifica-se o conjunto como coleção e os produtos como modelos,

portanto, o portfólio de produtos das empresas de vestuário de moda corresponde à coleção de modelos que a empresa disponibiliza ao mercado de vestuário para venda.

Essa coleção deve ser desenvolvida em consonância com os objetivos do resultado esperado pela empresa, já definido, previa e estrategicamente, pelo plano de marketing.

Assim, o portfólio de produtos tem que estar alinhado com a estratégia global da empresa, ou seja, o portfólio de produtos é o instrumento de vendas para a empresa alcançar a meta estabelecida em seus objetivos estratégicos, correspondendo ao meio competitivo da empresa.

Como está inserido num planejamento de marketing, devem-se considerar fatores como: tendências de mercado e de consumo, necessidades do público-alvo, mix de marketing, concorrência e disponibilidade financeira, tanto de capital próprio quanto de terceiros, para o financiamento da produção.

Nesse sentido, observa-se que o portfólio de produtos deve ser uma vantagem competitiva para a empresa.

Vale destacar que a preocupação na construção de um portfólio de produtos é que este seja desenvolvido com foco no cliente. O cliente deve estar no centro de sua estratégia, assim como de toda a estratégia da empresa.

Para ser e manter-se como vantagem competitiva, o portfólio de produtos deve passar por constante análise e revisão, pois visa à participação da empresa no mercado de vestuário. Como a economia de mercado é um regime competitivo, é natural que toda empresa almeja a expansão de sua participação no mercado, a entrada em novos mercados, bem como a maximização da lucratividade. O instrumento necessário para que isso ocorra na empresa de vestuário de moda é o portfólio de produtos, pois nem mesmo a Hering vive somente de sua camiseta básica.

Cada empresa tem sua identidade e identificação com seu público-alvo e deve construir o seu próprio modelo de gestão de portfólio de produtos, e, ainda, definir a matriz adequada de gestão do ciclo de vida do portfólio de produtos a ser utilizada. Segundo Haines (2009), há muitos modelos de matrizes com os quais podemos trabalhar, como:

- Matriz BCG de Crescimento/Participação (*The BCG Growth Share matrix*)

- Matriz GE/McKinsey (*The GE/McKinsey matrix*)

- Matriz Shell/DPM (*The Shell/DPM matrix*)

- Matriz de Portfólio da Evolução do Produto-Mercado (*Product Market Evolution Portfolio model*)

- Matriz de Ciclo de Vida ADL (*The ADL Life Cycle matrix*)

- Matriz de Risco-Retorno (*The Risk-Return model*)

Toda empresa pode e, preferencialmente, deve criar o seu próprio modelo por meio da análise dos fatores tratados aqui anteriormente e adequar os mais úteis à sua realidade. Nenhum dos modelos anteriores é perfeito e definitivo.

- **Linha de produtos**

Dentro do portfólio de produtos pode-se trabalhar com linhas de produtos. Kotler e Keller (2012, p. 357) entendem que uma linha de produtos "[...] é um grupo de produtos dentro de uma classe de produtos que estão intimamente relacionados porque desempenham uma função similar, são vendidos para os mesmos grupos de clientes e comercializados pelos mesmos canais ou recaem em determinas faixas de preços". Isso vale para uma linha de produtos constituída por marcas diferentes ou para uma marca individual que passou por extensão de linha.

Na indústria de vestuário de moda é muito comum e até necessária a constituição de linhas de produtos. Como veremos na Figura 5.4, temos a linha de calças, a linha de bermudas, a linha de camisas de manga longa, a linha de camisas de manga curta e a linha de jaquetas.

Pode-se ampliar ou diminuir a linha de produtos conforme a análise das vendas, na qual se observam os resultados de cada produto e qual a contribuição de cada item para o respectivo desempenho da linha.

O número de itens que a compõem é chamado de extensão da linha de produtos. Nesse exemplo, a extensão de linha é, no caso da linha de calças, o total de 5 itens; no de bermudas, o total de 4 itens; no caso da linha de camisas de manga longa, o total é de 10 itens; no camisas de manga curta, o total é de 4 itens; e, no caso das jaquetas, o total é de 10 itens.

	Calças	Bermudas	Camisas de mangas longa	Camisas de mangas curta	Jaquetas	Total
Tema 1	2	2	4	2	4	14
Tema 2	3	2	6	2	6	19
Total	5	4	10	4	10	33

Figura 5.4: Demonstração da Linha de Produtos – extensão e profundidade
■ Linhas de produtos
▨ Extensão de linhas de produtos

No caso da empresa de vestuário, o agrupamento de peças em famílias é uma prática imprescindível que deve ser, e de fato é, adotada com frequência dentro da linha de produtos. As famílias, como definem Tatikonda e Wemmerlöv (1992), são como uma coleção de objetos que dividem características específicas (de projeto, manufatura, compras etc.) identificadas para um propósito bem definido. Todos os objetos numa família requerem métodos similares de tratamento e manuseio e os ganhos de eficiência são atingidos pelo processamento conjunto dessas peças. São agrupados para aproveitar as vantagens de suas similaridades nas diversas atividades da empresa.

Na indústria do vestuário de moda, pode-se trabalhar com famílias baseadas em tecidos, estampas, bordados, aviamentos ou algum item da tendência de moda atual. Esse trabalho é feito para dar volume e quantidade de compras, o que vai refletir em poder de negociação nos preços dos itens que compõem os modelos, além de agregar, na hora da venda, ganho de eficiência, com potencialidade de expansão de vendas, ao proporcionar a oferta aos clientes de peças que combinem entre si.

• Mix de produtos

Esse é o nome que se dá à variedade de produtos de uma empresa. Para Kotler e Armstrong (2007, p. 223), "[...] um mix de produtos consiste em todas as linhas de produtos e todos os itens que determinado vendedor põe à venda".

Na indústria da moda, um mix de produtos é formado pelas linhas de produtos. Para a formação de um mix de produtos que venha trazer resultado positivo, é necessário a análise profunda de informações anteriores das vendas da empresa.

Portanto, deve-se elaborar um plano de marketing especialmente para isso.

Kotler e Keller (2012, p. 55) consideram ainda que "[...] os gerentes de produto elaboram um plano de marketing para produtos individuais, linhas de produtos, marcas, canais ou grupo de clientes. Cada nível de produto, seja uma linha de produtos, seja uma marca, deve desenvolver um plano de marketing para atingir suas metas".

Esse plano de marketing não pode ser elaborado isoladamente, tendo em vista que há de ser considerado o inter-relacionamento entre os departamentos da empresa de moda e se basear no potencial da demanda, ou seja, ter o cliente como base, como fundamento.

Como já mencionado, você não terá autoridade sobre nenhuma área ou pessoa, mas precisará coordenar todas elas juntas; é a inter-relação entre sua área e as demais que fará com que as coisas aconteçam nesse vital processo de gestão de produtos.

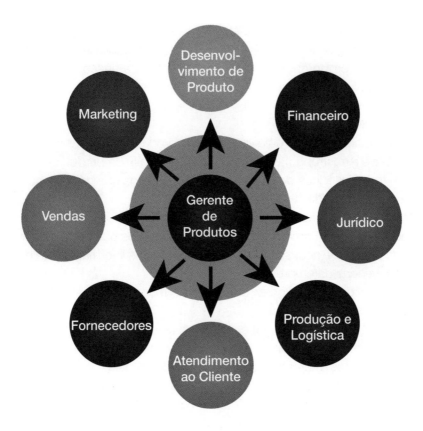

Figura 5.5: Inter-relacionamento dos Departamentos com o Gerente de Produtos

Definição da Cartela de Cores

Na pesquisa de tendências, a equipe de Estilo consegue definir as cores que serão mais utilizadas na estação seguinte, mas isso não significa que todas as cores sejam adequadas para todo tipo de empresa. Como dissemos anteriormente, o histórico das (cores das) coleções também será analisado em níveis de venda para que, cada vez mais, a empresa possa focar nas cores de preferência de seu público-alvo. A nova cartela de cores é de extrema importância para a distinção da nova coleção e da coleção da estação anterior. As cores básicas devem estar presentes em todas as coleções, pois, geralmente, elas geram maior volume de vendas; já as cores "modais" complementam a cartela de cores e estão ligadas às tendências da estação e aos temas da coleção.

Pesquisa e Definição de Materiais

É responsabilidade principal da área de Criação e Estilo. É pesquisar e adequar produtos, aviamentos, estampas, bordados e beneficiamentos ao mix de produtos. O objetivo é adequar a linha em termos de custos e preço de venda para a lucratividade esperada.

Também as áreas de Compras e Produção (fábrica própria ou terceirizada) precisam estar envolvidas quanto à capacidade de produção, adequação aos equipamentos disponíveis e eventuais necessidade de novos fornecedores.

Solicitação de Pilotagens de Materiais

As áreas de Estilo, Pilotagem e Produção definem os materiais a serem empregados nas peças-piloto. O principal objetivo é testar os novos materiais para que não ocorram imprevistos na hora da produção pronta. A responsabilidade maior é da Criação e Estilo.

Desenho dos Projetos

Os desenhos dos modelos para a nova coleção são criados pela equipe de Estilo com base no mix de produtos, no mix das modelagens e na tabela de custo-alvo. Antes da apresentação para o time de decisão de produtos, a equipe de Estilo envia para a pessoa responsável por custos os desenhos para uma estimativa, para ter certeza de que o desenvolvimento está dentro do custo-alvo.

Após essa etapa, a equipe apresenta, numa reunião, as propostas de desenhos técnicos para a nova coleção, em fichas técnicas de desenvolvimento de produtos, separadas por linhas de produtos e também por famílias com combinações e agrupamento de modelos, respeitando a proporção de escolha de partes de cima para partes de baixo a ser adotada pela empresa como 2x1 ou 3x1.

Para que o time de decisão de produtos tenha noção das tendências, a equipe de Estilo faz uma apresentação com informações sobre a inspiração e os temas escolhidos, tendo que convencê-los a "comprar" as peças.

Nas fichas técnicas, os desenhos precisam ser claros, com todos os detalhes e conter informações, como base de modelagem, tecidos, aviamentos, cores, grade de tamanhos, detalhes de costura e medidas básicas para cada tamanho/modelo – atualmente, só pequenas empresas não se utilizam de programas de computador. As áreas de Criação e

Estilo, Modelagem e Produção devem ser envolvidas em níveis de decisão. Como os desenhos seguem a quantidade total estipulada pelo mix de produtos já com o excedente proposto, o GPM, juntamente com a equipe, tira as peças que não se encontram adequadas aos dados das análises de vendas e custos, levando em conta o não prejuízo das famílias. A responsabilidade maior desta fase é da Criação e Estilo, portanto, o estilista/designer tem que entender que, apesar dos padrões estipulados para a criação, a moda é a arte do efêmero e, por mais racional que seja a indústria da moda, é nesse componente intangível que se instala a vantagem competitiva.

Modelagem e Pilotagem

A modelagem pode ser realizada por meio da moulage ou da modelagem plana. Com base na peça modelada, as piloteiras (ou pilotistas) discutem com o estilista, o designer e o modelista as dificuldades encontradas para costurar a peça; as piloteiras propõem alterações. A peça-piloto serve para transformar o desenho em realidade, depois de costurada pela equipe de Pilotagem, a peça é encaminhada para finalização: estamparia, bordados, lavagens etc.

A pilotagem é feita por costureiras chamadas piloteiras. Estas têm habilidade e competência para discutir com os estilistas e modelistas as dificuldades encontradas ao costurar a peça e propor alterações que visem facilitar sua produção, mantendo a proposta criativa e sem impacto nos custos.

A Pilotagem tem, em geral, até três tentativas para se adequar ao que foi proposto pela Criação e Estilo. Se não der certo, abandona-se a ideia.

O que é "dar certo?" É estar adequado às expectativas de design, de custo e de possibilidade de produção com potencial de lucratividade e com o tempo hábil para desenvolver a coleção. Essa fase costuma ser de negociação entre Criação e Pilotagem.

Aprovação dos Produtos

Depois de modelado e costurado, os produtos acabados são apresentados pela equipe de Estilo ao GPM vestido em modelos. Um fator muito importante a ser considerado na aprovação do produto do vestuário de moda é que as modelos contratadas para a prova têm que estar de acordo com as características físicas do público-alvo da empresa.

De nada adianta provar o protótipo em modelos magras se o seu público-alvo é composto por meninas mais robustas. O GPM tem, como preocupação principal, a aprovação e o teste dos produtos. Essa aprovação tem que, obrigatoriamente, ser feita provando as peças prontas em pessoas, pois, só assim, o GPM conseguirá identificar os possíveis defeitos concretos de modelagem, costura ou outro fator determinante.

Para Cagan (2008, p. 127), "[...] testar suas ideias com usuários reais é, provavelmente, a atividade singular mais importante no seu trabalho como gerente de produto".[3] A primeira amostra do produto é denominada protótipo ou peça-piloto. A pilotagem do protótipo tem que seguir rigorosamente a ficha técnica de desenvolvimento de produto para que cada peça saia de acordo com os desenhos propostos. Todos os detalhes devem ser observados e discutidos com as áreas envolvidas no processo. As alterações propostas pelas piloteiras, modelistas, Lavanderia, Produção devem ser discutidas exaustivamente!

Depois de refeitas todas as alterações propostas, as peças são provadas novamente e, sendo aprovadas, chegamos ao produto final. Este deve conter as etiquetas internas e externas, a modelagem aprovada, medidas compatíveis com as definidas na prova, estampas, bordados, acessórios etc.

Ficha Técnica

É o documento descritivo de um modelo da coleção. Esse documento contém, em detalhes, a discriminação de uma peça de moda. Pode-se dizer que a ficha técnica é o mapeamento do DNA de cada produto.

A ficha técnica, na empresa do vestuário de moda, serve de base para o cálculo de quantidade de tecidos, aviamentos, acessórios, beneficiamento, perdas previstas em virtude da modelagem, como também para o cálculo dos tempos de produção, processos, máquinas utilizadas, sequências, tempos de fabricação, pessoas envolvidas, datas de cada ação relativa ao produto, custos e preço de venda previsto (ideal *versus* possível).

Como uma coleção é composta por vários modelos, existe a necessidade de uma ficha técnica para cada protótipo/peça-piloto. Existem fichas técnicas de vários tipos, as quais são diferentes para cada departamento da empresa.

No caso da área de Desenvolvimento de Produtos, a ficha técnica é denominada como ficha técnica de desenvolvimento de produto e é preenchida em quatro etapas.

Na etapa inicial, a de apresentação dos desenhos para a aprovação dos modelos pelo time de decisão do produto, a ficha técnica deve conter as especificações primárias da descrição do produto, pois, por não saber ainda se a peça fará parte da coleção, não se tem a definição concreta de alguns itens, como estampas, bordados, aviamentos, acabamentos etc. Esses itens são apresentados, geralmente, em recortes de fotos ou até mesmo em desenhos, como referências, junto com a ficha técnica do esboço do modelo.

Portanto, nessa primeira etapa, a ficha técnica de desenvolvimento de produto apresenta os seguintes dados de identificação:

- Nome da coleção e estação
- Nome do tema a que pertence o modelo
- Data do preenchimento da ficha
- Referência do modelo
- Descrição do modelo
- Tecido a ser utilizado
- Composição do tecido
- Estilista responsável
- Desenho, frente e costas, do modelo com as devidas especificações
- Local para alguma observação importante

O departamento responsável pelo preenchimento dessa parte da ficha técnica é o de Criação e Estilo.

Após a definição dos modelos que irão compor a coleção, o departamento de Criação tem que enviar as fichas técnicas para o setor de Pilotagem, para que o protótipo/peça-piloto seja confeccionado. Para isso, a equipe de Estilo tem que inserir os dados necessários para essa nova fase. Assim, o preenchimento da ficha técnica vai para a sua segunda etapa, a qual vai conter os seguintes dados de identificação:

- Nome da coleção e estação
- Tema
- Data do preenchimento da ficha
- Referência do modelo
- Descrição do modelo
- Tecido a ser utilizado
- Fornecedor do tecido
- Código do fornecedor de tecidos
- Composição do tecido
- Largura e rendimento do tecido
- Tamanho da peça-piloto
- Aviamentos a serem utilizados (referência, fornecedor, cor e amostra)
- Estampas a serem utilizadas (referência, referência do quadro, fornecedor e cor)
- Bordados a serem utilizados (referência, fornecedor, tipo de linha e cor)
- Estilista responsável
- Desenho frente e costas do modelo com as devidas especificações de modelagem, costura do modelo, bordados, estampas, aviamentos, beneficiamentos e acabamentos
- Local para alguma observação importante
- Número do lacre
- Data de aprovação do modelo
- Assinatura do responsável

O responsável pelo preenchimento dessa ficha técnica é o departamento de Criação e Estilo.

Após a aprovação dos protótipos/peças-piloto e definidos os produtos finais, a ficha técnica de desenvolvimento de produto chega à sua terceira etapa. Nessa fase, são definidas, pelo GPM, as informações necessárias para a confecção dos mostruários utilizados para a venda das peças por meio de representantes, como também para os mostruários utilizados para a produção das peças. Para que esses mostruários sejam confeccionados de acordo com a solicitação, além dos dados preexistentes, são incluídas, na ficha técnica, as seguintes informações:

- Quantidade de cada peça para mostruário
- Cor a ser utilizada no mostruário
- Grade estipulada para o mostruário
- Código da modelagem
- Modelista responsável
- Etiqueta interna (referência, fornecedor, quantidade e cor)
- Etiqueta externa (referência, fornecedor, quantidade e cor)
- Medidas da peça

Os responsáveis pelo preenchimento desses dados nas fichas técnicas são o departamento de Criação e Estilo e o GPM.

Confeccionados os mostruários e fechados os pedidos, inicia-se a fase de produção. Portanto, para a quarta etapa, é necessário que a ficha técnica incorpore os dados de base para a produção dos produtos, como:

- Cores dos tecidos a serem utilizados
- Cores dos aviamentos com relação às cores de tecidos
- Cores das estampas com relação às cores de tecidos
- Cores dos bordados com relação às cores de tecidos
- Cores ou outras especificações dos acabamentos
- Tag a ser utilizado (referência, fornecedor, quantidade e cor)
- Embalagem a ser utilizada (referência, fornecedor, quantidade e cor)
- A descrição das máquinas a serem utilizadas
- O tempo de costura em cada máquina
- O tempo total de costura da peça
- Alguma observação necessária

Os responsáveis pelo preenchimento desses dados na ficha técnica são os departamentos de Criação e Estilo, de Pilotagem, de Produção e o GPM, que faz a conferência final.

Desenvolvimento de coleção e de produtos: o processo

A ficha técnica de desenvolvimento de produto que descrevemos nas figuras 5.6 e 5.7 é um modelo padrão que pode ser modificado conforme a necessidade real de cada empresa.

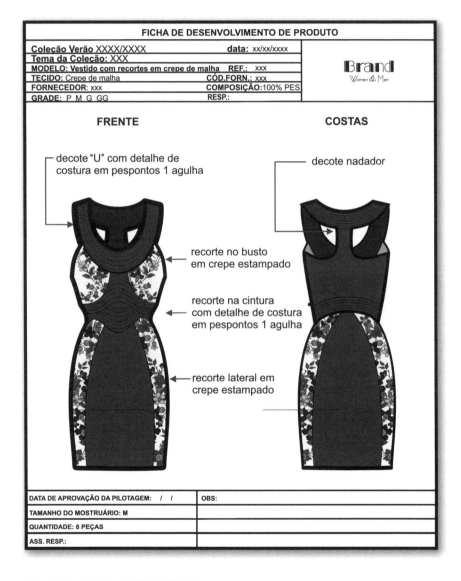

Figura 5.6: Frente da Ficha Técnica

109

Nome da coleção/estação:										Logotipo
Empresa:										
Ref. do modelo:			Estilista:							
Modelista:_____ Código do molde:_____										
Medidas de peça:										
Grade de mostruário	PP	P	M	G	GG	36	38	40	42	44

Tecidos

Ref.	Fornecedor	Consumo	Cor 1	Cor 2	Cor 3	Amostra

Aviamentos

Ref.	Fornecedor	Consumo	Cor 1	Cor 2	Cor 3	Amostra

Estampa:		Fornec.:		Bordado:		Fornec.:	
Quadro	Cor 1	Cor 2	Cor 3	Linha	Cor 1	Cor 2	Cor 3

Etiqueta interna:				Etiqueta Externa:			
Ref.	Fornec.	Quant.	Cor	Ref.	Fornec.	Quant.	Cor

Tag:				Embalagem:			
Ref.	Fornec.	Quant.	Cor	Ref.	Fornec.	Quant.	Cor

Mão de obra:				Tempo total de costura:			
Máquina							
Tempo							

Acabamento:
OBS:_____

Figura 5.7: Verso da Ficha Técnica

Desenvolvimento de coleção e de produtos: o processo

Qual a importância da ficha técnica no processo para todas as áreas?
A área de Planejamento e Controle da Produção calculará os insumos para a produção e o tempo de chão de fábrica necessários, conforme o planejamento de vendas.
A de Compras fará seu plano de compras conforme descrito na Ficha.
A Financeira formará o custo de cada peça: matéria-prima e custo de produção.
A Comercial formará o preço de cada peça e condições de negociação.
A de Produção – chão de fábrica – desenvolverá o processo de fabricação.
A de Criação e Estilo fará as alterações necessárias por motivo de custos e falta de matéria-prima etc.
A ficha técnica deve ser vista como o eixo em torno do qual são tomadas as decisões dos produtos tanto das coleções quanto individuais. Uma ficha técnica bem-feita é o elemento essencial de um processo bem estruturado de desenvolvimento.
Lembre-se sempre disso!

Mostruário

O mostruário consiste nas réplicas das peças-piloto aprovadas. Essas peças podem ser confeccionadas em tamanho-base ou em grade específica determinada pelo histórico dos clientes, em uma ou mais cores, e são utilizadas para apresentar a coleção aos vendedores para que estes possam vender os produtos aos clientes. Para que sejam feitos os pedidos de compra de cada peça do mostruário, deve-se ter a referência, o código de barras, os tecidos e composição, os preços, a grade, os tamanhos e as cores.

Fechamento de Custos e Preços

Em algumas empresas, o GPM é o responsável pelo fornecimento das informações dos custos variáveis do produto acabado, ou seja, dos custos diretamente ligados ao produto que variam em decorrência da quantidade produzida.

Gerência de Produtos de Moda

Essas informações são apresentadas ao responsável por custos e preços por meio de uma ficha, para que este, ao somar os custos variáveis com os fixos, possa fazer o fechamento do custo final do produto.

A ficha técnica de custos contém os itens a seguir e deve ser preenchida com os dados solicitados pelo GPM.

- Tecidos (consumo, unidade, preço)
- Aviamentos (consumo, unidade, preço unitário)
- Estampas (preço do quadro rateado e preço unitário)
- Bordados (preço da arte rateado e preço unitário)
- Processos de lavanderia e acabamento (preço unitário)
- Mão de obra (valor unitário)
- Etiqueta interna (preço unitário)
- Etiqueta externa (preço unitário)
- Etiqueta de composição (preço unitário)
- Tag (preço unitário)
- Embalagem (preço unitário)

Nas próximas figuras, veja uma ficha de custos variáveis.

Quantidade	Unidade	Material	Preço Unitário	Total
1,50	metro	tecido	X	X
0,50	metro	forro	X	X
1	unidade	botão	X	X
4	unidade	rebite	X	X
1	unidade	zíper	X	X
1	cone	linha	X	X
0,50	cone	linha pesponto	X	X
1	unidade	etiqueta de composição	X	X
1	unidade	etiqueta interna	X	X
1	unidade	etiqueta externa	X	X
1	unidade	tag	X	X
1	unidade	embalagem	X	X
Total				X

Figura 5.8: Custo 1 – matéria-prima

Mão de Obra	Valor
Risco e corte	X
Costura	X
Casear	X
Passar e embalar	X
Total	X

- Custo total = total de custo 1 + total de custo 2

Figura 5.9: Custo 2 – produção

DEFINIÇÃO DO COMPOSTO DE MARKETING

Para o lançamento da coleção ou de um produto, são decididas ações do Composto de Marketing ou Marketing Mix (M.Mix), isto é, quais itens, a que preços, como serão vendidos e em que locais.

As Funções do GPM

Antes de iniciar o trabalho, o GPM deve estabelecer um cronograma de atividades, prazos e responsáveis. O cronograma poderá ser refeito algumas vezes, ainda mais se for nas primeiras vezes. À medida em que a empresa convive com esse instrumento, as alterações diminuirão.

Pesquisa de tendências

- Montar o cronograma inicial das atividades de cada área; suas responsabilidades e prazos; considerar os inevitáveis atrasos e antecipar-se com soluções. O lançamento de cada coleção não pode – em hipótese nenhuma – ter atrasos, principalmente, se houver desfiles, como SPFW, visitas de grandes importadores internacionais e outros.

- Pesquisar e acompanhar todo o processo junto à Criação.
- M.Mix: análise do desempenho da concorrência – o que o mercado comenta (fornecedores, rede varejistas, jornalistas, "fofocas" do meio da moda; desempenho dos clientes: motivos de crescimento, de quedas etc.).

Definição do tema da coleção

- Checar se o tema está coerente com as informações gerais de tendência *versus* público-alvo; se o estilista for novo na empresa existe esse risco.
- Coordenar com todas as áreas da empresa o cronograma.
- Discutir com todos em reunião geral; obter compromisso de cada área e estabelecer datas de revisão do cronograma para acertos e emergências diversas (oscilação do dólar *versus* real; atrasos de embarques; greves, inundações em fábricas, problemas internos etc.).
- M.Mix: buscar informações do ambiente de marketing externo e interno.

Análise do histórico de vendas

Essa etapa é de exclusiva responsabilidade do GPM, porque a função de Vendas faz parte do M.Mix.

Se você, o GPM da empresa, não fizer essa análise, há duas possibilidades:

- ela não será feita por ninguém (e o que acontecer será atribuído à sorte ou ao azar);
- alguém a fará por você (e, nesse caso, a empresa vai concluir que você ganha muito e não faz o que tem de ser feito).

Você terá de discutir com as áreas o desempenho de cada item dos produtos, considerando os aspectos de todo o M.Mix como:

- Porque cada item teve seu desempenho (bom ou mau)?
- Quais as decisões para cada item novo para a próxima coleção?

Desenvolvimento de coleção e de produtos: o processo

- Modelos que mais venderam; os que ficaram estáveis e os que menos venderam.
- Modelos de maior lucratividade e os de menor.
- Mercados mais lucrativos e os de menor rentabilidade; os de maior e de menor potencial.
- Clientes/lojistas: em quais investir, quais abandonar. Aqui não há meio-termo: ou investir ou abandonar o cliente; o mercado está muito competitivo para não se fazer nada a respeito. É seu lucro que está em jogo.
- Desempenho de vendedores/representantes: quem vendeu bem e quem não vendeu e as razões.
- A decisão será no sentido do que manter, eliminar e do que introduzir ou alterar.

Definição da cartela de cores

Analise as propostas de cores sob o ponto de vista do posicionamento da marca. Se o estilista é novo, é possível que não conheça o histórico da empresa, e, nesse caso, o GPM deve ser o guardião. Novas interpretações podem comprometer o histórico da marca na mente dos clientes. Há exemplos de sucesso e de fracassos nessa área.

Definição do mix de produtos

Use e abuse de sua experiência, de seu conhecimento de mercado e de seu poder de negociação com as áreas Comercial, Estilo, Financeira e Produção e com a própria Diretoria. Se alguma de suas sugestões não foi bem-sucedida, seja humilde e acate comentários; em caso contrário, se teve êxito, também com humildade, negocie e faça prevalecer a experiência dos resultados positivos. Preocupe-se em não ser conservador demais, nem ousado demais; respeite a linha criativa, sem "engessar" a criação; apenas siga sua experiência e negocie.

Nessa etapa, não há uma única área que seja a principal responsável pelas definições – Criação/Estilo, Produto, Modelagem, Compras, Comercial e Produção devem ajustar a definição total do mix de produtos.

Aqui devem ser considerados os aspectos de largura e profundidade da linha de produtos da empresa e da marca: quantos modelos, grades de tamanhos e cores, quantos novos produtos e produtos complementares?

É uma fase de intensas negociações com todas as áreas; cada uma delas tem suas preferências pessoais, suas apostas num ou noutro modelo, mas a empresa não pode (nem deve) se decidir por todas as opções de modelos.

Sua habilidade de negociar será posta à prova. Lembre-se: você é o GPM dos novos produtos que terão de vender e dar lucro.

Para o M.Mix é importante definir que produtos manter, quais eliminar e o que introduzir; se for o caso, que produtos ou etapas terceirizar.

Pesquisa e definição de materiais

Aqui a tarefa do GPM é acompanhar o trabalho das áreas de Estilo, Modelagem, Produção etc. Essas áreas deverão pesquisar e adequar tecidos, aviamentos, acessórios, estampas, bordados, beneficiamento, visando compor os custos finais dos produtos e os preços de venda. Com o impacto do fast-fashion (inúmeros modelos, alterações constantes, alta frequência de pequenas mudanças etc.), qual o processo que você pode sugerir para melhorar a produtividade da operação?

Atenção permanente ao cronograma, pois nessa fase podem ocorrer atrasos.

Outra tarefa é administrar o cronograma; essa fase é crítica, porque envolve ações de várias áreas, de novas pesquisas e definição de materiais no meio do processo, com reflexos em custos, prazos de produção e data final.

Desenho de projetos

- Administrar o cronograma – não apenas os prazos, mas a participação e responsabilidades das demais áreas.
- Coordenar as atividades das áreas envolvidas, nas reuniões periódicas.
- M.Mix: iniciar as fases de planejamento da criação da campanha de comunicação, da produção de fotos, criação de catálogos,

de mostruários, escolha de modelos, estratégia de assessoria de imprensa, quem serão os fornecedores etc.

Solicitação de pilotagens de materiais

Sua tarefa será acompanhar o processo. Controlar o cronograma é vital para não ocorrerem atrasos. À medida que as datas finais vão se aproximando, esses são altamente comprometedores. No mercado de moda, os lançamentos das coleções acontecem na mesma época, portanto, os fornecedores estão pressionados por todos e, certamente, alguns terão mais atrasos que outros. Não seja você a vítima!

Modelagem e pilotagem

- Administrar o cronograma com rigor, refazendo pela última vez os novos prazos em função das adversidades no processo. Claro que isso vai acontecer!

- M.Mix 1: faça uma pesquisa de marketing com os clientes varejistas e até consumidores finais, para "acertar a mão". Essa fase é muito importante, não deixe de fazer o que deve ser feito. É você quem tem de cuidar disso. Convença seus colegas de que a pesquisa sempre vai dizer o que os clientes querem, e isso é mais importante do que as discussões do "eu prefiro assim", "eu gosto mais dessa", "eu aposto naquela" etc. Não será necessária uma grande e extensa pesquisa, mas uma que apenas aponte o essencial ou o que não é consenso.

- M.Mix 2: quais as ações tomadas quanto ao planejamento, que você começou na etapa de desenho dos projetos? Comece a definir todas elas. Um atraso no cronograma dessas ações será responsabilidade sua.

Aprovação dos produtos

A responsabilidade central pode ser sua, juntamente com as outras áreas, mas todos têm de dar sua opinião. Deve ser uma reunião que tem hora para começar, mas sem previsão para acabar. No cronograma terão de ser disponibilizados vários dias; para começar calcule de três a cinco.

Você deve coordenar a opinião e o comprometimento de todos e, também, acertar e fazer cumprir o cronograma – deixe todos saberem quem não está cumprindo, mesmo que seja você ou sua equipe.

Para o M.Mix, marque reuniões com todos – áreas e fornecedores – envolvidos no processo de Promoção (Venda Pessoal, Propaganda etc.); envolva a área Comercial (gerente, vendedores, representantes) mais profundamente, pois agora os produtos da coleção estão definidos e terão de ser vendidos.

Muitas confecções já adotam um processo interessante: reúnem-se as áreas de Criação, Produção e Comercial para discutirem que produtos têm de ser desenvolvidos – por que têm potencial comercial – e os que não têm. Isso tem evitado que produtos sejam fabricados e fiquem no estoque do varejo sem vender.

É a experiência da área Comercial que orienta a área criativa sobre os desejos dos clientes. Também produtos que antecipam tendência, ainda que não vendam muito, precisam ser expostos para seduzir os clientes para a marca.

Caso real: uma confecção de acessórios leva os estilistas ao showroom para que observem a reação dos clientes e também desenvolvam a percepção comercial. É um meio inteligente de evitar "as ditaduras da Criação ou do Comercial". Coordene isso!

Ficha técnica

- Acompanhar a confecção de cada peça e pedir alterações se houver impacto de custos, riscos de entregas, crises de matéria-prima etc.
- Monitorar cronograma.
- M.Mix: os esforços do "P" de Promoção devem estar já em andamento; você já negociou com o Comercial as cotas por vendedor, por zona, por cliente, por loja, para o showroom? E a estratégia

Desenvolvimento de coleção e de produtos: o processo

criativa? É hora de desenvolver o briefing de comunicação: propaganda, assessoria de imprensa, fotógrafos, desfiles, produção das fotos. A Comunicação Integrada será fundamental para reforçar o posicionamento da marca.

Mostruário (lookbook)

É sua responsabilidade acompanhar a produção do mostruário juntamente com departamento de Produção e/ou com fornecedores externos.

No M.Mix, é importante juntar todas as informações de promoção para que o mostruário fique completo. Lembre-se: o mostruário é um instrumento de vendas. Físico ou em apresentação do lookbook virtual.

Atenção ao cronograma!

Fechamento de custos e preços

Cabe ao GPM definir com o Financeiro e Comercial os preços a serem praticados, no lançamento e nas demais fases do ciclo de vida, como também estabelecer políticas de preço conforme quantidades compradas e prazos de pagamento.

Se houver divergências ou percepção do Comercial (vendedores, gerentes das lojas) de que o preço não está compatível, sua função será coordenar com Estilo, Produção e até Finanças o preço adequado, para submeter à decisão da Direção. É fundamental alterar o produto nessa etapa – leiam-se os custos. E, mais uma, vez o cronograma deve ser observado.

PERFIL PROFISSIONAL DO GPM

Por tudo o que você viu neste capitulo, podem-se resumir em três as ações vitais para sua atuação como GPM:
- discutir o PRODUTO dentro da empresa;
- discutir o PRODUTO com o mercado (fornecedores e compradores); e
- decidir e coordenar a TERCEIRIZAÇÃO do fornecimento.

Discutir o Produto dentro da Empresa

O GPM carrega tantas responsabilidades quanto o gerente-geral. Parece exagero? Creia que é a mais pura verdade. Você acompanhou as diversas etapas do GPM dentro de uma empresa de moda. Convém repetir, dada a enorme importância para o seu sucesso, os aspectos a seguir:

• Valores e critérios: qual a visão e os valores da sua empresa? Ser arrojada ou tradicional, ser modelo organizacional ou funcionar de qualquer maneira? Ser ética? Transparente? Respeitar as diversidades? Valorizar o trabalho em equipe? A coleção está bonita e adequada, acompanhando as tendências? É fundamental ter tudo isso muito claro para não gerar falsas expectativas e trabalhos frustrados.

• O Composto de Marketing (M.Mix): os "8 Ps" do Composto de Marketing estão claros para você?

• O cronograma: é o monstro difícil de ser controlado. Esse é um dos passos mais difíceis de ser administrado pelo GPM – estabelecer atividades, prazos, responsáveis e fazer com que todos os cumpram corretamente. Os atrasos ocorridos muitas vezes são irreversíveis e podem causar o fracasso de uma nova coleção. É lamentável que haja diversos prejuízos financeiros em decorrência de cronogramas mal elaborados ou não cumpridos. Cada empresa tem um tipo diferenciado de cronograma, de acordo com prazos e metas preestabelecidos, e o fator oculto para o sucesso deste são as pessoas!

A cada ano, você deverá reavaliar o cronograma passado para fazer melhorias no processo. Valorizar a cooperação de todos mantém o processo em contínua evolução.

Discutir o Produto com o Mercado

Os fornecedores podem ser a causa principal dos atrasos; os compradores precisam desenvolver fornecedores que sejam comprometidos com as entregas. São muitos os varejistas que trocam de confecções fornecedoras só porque não cumprem prazos de entregas; isso ocorre porque a confecção também pode receber seus próprios pedidos atrasados. Se os produtos forem importados, o cuidado deve ser maior: comece muito antes.

Terceirização do Fornecimento

Confecções também terceirizam os fornecimentos de seus produtos. Coleções grandes (principalmente do atacado) e que não sofrem alterações durante a estação são desenvolvidas na China, na Turquia, na Índia, no Vietnã e em outros países. Nesse caso, seu cronograma pode estar em perigo; o tempo é o carrasco, principalmente, por causa do processo burocrático/político das autoridades alfandegárias brasileiras. Para coleções fast-fashion, prefira fornecedores brasileiros ou locais, a não ser que sua empresa tenha um fabuloso domínio e controle do processo logístico.

Como vimos, a abordagem ao mix de produtos foi aqui anunciada para enquadrar o GPM no processo, contudo, no próximo capítulo, você terá uma visão completa sobre a gestão dos produtos e as decisões em relação ao mix de produtos. Da mesma forma, os detalhamentos das decisões no tocante a preços, promoção e praça/ponto (os outros "Ps") estão em capítulos próprios.

NOTAS

[1] Um segundo motivo advém da nova perspectiva apresentada por Kotler e Keller (2012) em relação ao conceito de Composto de Marketing, também conhecido como os "4 Ps": Produto, Preço, Ponto (ou Praça) e Promoção. A nova concepção dos autores aponta para Pessoas, Processo, Programa e Performance, e os conhecidos "4 Ps" estão inseridos em programa.

[2] Tradução livre dos autores.

[3] Tradução livre dos autores.

6

GESTÃO DE PRODUTOS: DECISÕES DE MIX DE PRODUTOS

O que é importante saber antes? Todo o composto de marketing de uma empresa gira em função de seus produtos, que é resultado de muitas decisões, nem sempre técnicas e estrategicamente tomadas, muito menos, claramente declaradas ou formalizadas. Alguém tem de centralizar esse processo e você sabe quem é!

CONCEITO DE PRODUTO

Ainda faz parte do senso comum a definição de produto como um objeto de oferta limitada, revestido de utilidade, que possa satisfazer uma necessidade ou desejo. Entretanto, na atualidade, os profissionais de marketing entendem que o produto enquanto objeto é parte de todo um contexto complexo e envolvente. Não é sem razão que Kotler e Keller (2012) fazem uma abordagem holística. Assim, o produto não é mais percebido separadamente, evidente em si mesmo, mas, sim, integrado aos macro e microambientes, abordados no Capítulo 2.

Esses múltiplos aspectos são elementos indissociáveis do produto. Logo, o produto não é algo morto, ainda que inanimado. Ele, realmente tem vida, pois é compreendido por uma dinâmica própria, tanto que tem um ciclo de vida. O produto compõe o ambiente e o ambiente integra o produto; uma universalidade interdependente. O produto, nas palavras de

Kotler e Armstrong (2007, p. 124), "[...] pode ser oferecido a um mercado para satisfazer uma necessidade ou um desejo, incluindo bens físicos, serviços, experiências, eventos, pessoas, lugares, propriedades, organizações, informações e ideias".

Levando em conta as novas competências de integração e indissociabilidade do produto com os ambientes do mercado, o objetivo (e a tendência) das empresas inovadoras é desenvolver produtos considerando quanticamente a pessoa do consumidor, para atribuir aos mesmos natureza única. O produto passa a ser a conexão entre a empresa e o consumidor, de modo que a empresa se vê no consumidor e, assim, busca envolvê-lo, como se fossem uma só pessoa. E, por meio do produto, caminhamos para conseguir gerar entre a empresa e o consumidor uma integração tão profunda que ambos vão passar a perceber essa união no próprio produto, na medida em que este passa a ser o conjunto de dois elementos diferentes num único elemento.

Assim, o consumidor, ao adquirir o produto, recebe a oferta como se fosse de si mesmo, embora seja da empresa, gerando a identidade responsável pela opção do comportamento de compra, tão importante em ser identificada no contexto atual de mercado de hiperabundância de ofertas. A empresa que quiser se integrar quanticamente com seu consumidor vai precisar, por intermédio de um estudo profundo sobre a cultura e o comportamento deste, penetrar na consciência da existência dele mesmo. Desse modo, não haverá mais um "eu-individual" entre eles, ou seja, não haverá mais a distinção – eu sou a empresa e ele é o consumidor. A empresa passará a ser, naquilo que oferece, ou seja, no seu produto, um elemento que integra o estilo de vida do próprio consumidor. Logo, o consumidor passará a reconhecer no produto a sua identidade quântica com a empresa.

Por essa perspectiva, o produto é parte da relação bilateral entre a empresa e o consumidor, que pressupõe dois centros de interesses contrapostos e antagônicos. Por outro lado, a aquisição do produto é o elo orgânico entre os dois, de modo que o consumidor venha a adquirir o produto, assim como bebe água ou se alimenta, isto é, como parte vital de sua existência.

Pensando nisso, você, com relação ao produto de vestuário de moda, deve tomar decisões sobre os seguintes itens: marca, design, características, qualidade, variedade, tamanhos, logotipo, etiquetas, embalagens, tags e devoluções. Uma empresa de moda não trata apenas de desenvolver roupas, mas também de desenvolver sua própria marca, portanto, o GPM tem de estar envolvido também na comunicação visual como um todo, incluindo o visual merchandising.

MIX DE PRODUTOS

Kotler e Armstrong (2012, p. 209) destacam que "[...] o mix de produtos possui abrangência, extensão, profundidade e consistência".

A abrangência de um mix de produtos refere-se à quantidade de linhas de produtos que a empresa oferece. No capítulo anterior (Figura 5.4), podemos observar que a empresa tem uma abrangência de cinco linhas de produtos.

A extensão de um mix de produtos diz respeito ao número total de itens no mix. Na mesma figura, vemos que a extensão do mix de produtos é de 33 itens.

A profundidade de um mix de produtos está relacionada com quantas opções são oferecidas de cada produto na linha. Naquele quadro, notamos ainda que, para a linha de calças, temos cinco opções diferentes; na linha de bermudas, quatro opções diferentes; na linha de camisas de manga longa, dez opções diferentes; na linha de camisas de manga curta, quatro opções diferentes; e na linha de jaquetas, alcançamos dez opções distintas.

A consistência de um mix de produtos se refere a quão estreita é a relação entre as várias linhas de produtos no tocante ao uso final, requisitos de produção, canais de distribuição ou algum outro critério. Por exemplo, todas as linhas são destinadas ao vestuário.

Ainda segundo Kotler e Armstrong (2012, p. 209), essas dimensões do mix de produtos possibilitam à empresa ampliar seus negócios de quatro maneiras. "Ela pode adicionar novas linhas de produtos, ampliando assim a abrangência do mix; pode aumentar a extensão de cada linha de produtos; pode adicionar mais opções para cada produto e aprofundar seu mix; e, por fim, pode buscar maior consistência na linha de produtos."

No caso da empresa de vestuário de moda, pode-se exemplificar com a introdução de uma nova linha de produtos como uma linha de saias, com novos modelos ou variações de um mesmo modelo já existente.

Para que a coleção seja orientada para o público-alvo e traga lucro para a empresa, antes da criação dos modelos, o GPM precisa ter especial atenção com a composição de um mix de produtos.

Atenção! O mix de produtos não é um apanhado de artigos, pelo qual simplesmente se catalogam os itens produzidos, gerando um inventário passivo e ineficiente como se fosse uma mera lista do que é produzido pela empresa. Na verdade, o mix de produtos é um instrumento vivo e dinâmico que deve ser elaborado com todo cuidado e olhar estratégico, tendo em vista que corresponde à alma da empresa de vestuário de moda junto ao seu público-alvo servindo de orientação aos estilistas e designers da empresa. Então, na elaboração adequada do mix de produtos, é fundamental uma análise prévia e detalhada do histórico de desempenho de vendas dos produtos de coleções anteriores.

Vale lembrar que as áreas do mix de marketing são interdependentes, pois se inter-relacionam. Por isso, têm de ser analisadas em conjunto. A estratégia de produto deve estar de acordo com as estratégias de preço, promoção e de distribuição.

Kotler e Armstrong (2012, p. 200) consideram que "[...] o produto é um elemento-chave da oferta ao mercado. O planejamento do mix de marketing começa com a formulação de uma oferta que proporcione valor aos clientes-alvo. Essa oferta se torna a base pela qual a empresa constrói relacionamentos lucrativos com os clientes".

É importante destacar que não é raro o desempenho de vendas ser diretamente afetado pela política de preços; igualmente, é usual que as vendas estejam em níveis elevados, embora a empresa trabalhe sem lucro ou até mesmo com margem negativa. A isso denominamos de falso-positivo, e o GPM não deve se iludir com isso, e sim corrigir essa deficiência.

O falso-positivo muitas vezes é a causa do desastre econômico de uma empresa e isso pode acontecer facilmente com a empresa de vestuário de moda. Nesse setor, é necessário ter um cuidado ainda maior, pois os produtos são de curta duração.

A empresa de vestuário sofre profundo impacto da moda – que Lipovetsky (1989, p. 10) denomina como "[...] uma instituição estruturada pelo efêmero" – , bem como dos modismos. Para acompanhar toda essa versatilidade, as empresas de vestuário de moda devem se preocupar com a constante transformação de seus produtos pois, como enfatiza o autor: "[...] a moda é a febre moderna das novidades" (LIPOVETSKY, 1989, p. 10).

Por seu caráter efêmero, é difícil prever a duração de um ciclo de moda, e, outro ponto importante, abordado por Kotler e Keller (2012, p. 332), diz respeito à duração desse ciclo de moda e sua dependência; "[...] do quanto ela atende a uma necessidade legítima, é coerente com outras tendências da sociedade, satisfaz normas e valores sociais e não excede os limites tecnológicos à medida que se desenvolve".

Justamente por esses motivos, o GPM deve ser perspicaz e ágil, uma vez que deve perceber rapidamente a demanda requerida pelo mercado de vestuário de moda e, com a maior brevidade possível, colocar o mix de produtos ajustado à venda.

Quem chega primeiro no mercado, vende mais, mais caro e com maior margem de rentabilidade. Quem chega por último, para ter vantagem competitiva, trabalha com custos reduzidíssimos e margem mínima de lucratividade ou ganhos de escala. É o caso dos tecidos que são similares de matrizes consagradas, já saturadas, oferecidos em grande volume, baixa qualidade e preços reduzidos.

Podemos, assim, afirmar que, para o desenvolvimento de um mix de produtos de vestuário de moda, é necessário ter em mente uma lógica inconstante.

Além disso, trabalha-se durante o ano com coleções de comportamentos muito diferentes. Portanto, a análise deve levar em conta a classificação das vendas, estação por estação, dos três anos anteriores, como apresentado a seguir.

- Coleção Primavera/Verão: analisam-se os produtos das três últimas coleções de primavera/verão.
- Coleção Alto Verão: analisam-se os produtos das três últimas coleções de alto verão.
- Coleção Outono/Inverno: analisam-se os produtos das três últimas coleções de outono/inverno.
- Coleção Alto Inverno: analisam-se os produtos das três últimas coleções de alto inverno.

Além de se analisar o comportamento dos produtos existentes, é primordial olhar para os produtos em desenvolvimento e avaliar atentamente cada projeto proposto em termos econômicos, impacto estratégico e recursos disponíveis. Para isso, realizamos também uma análise mercadológica dos produtos, com base na revisão do histórico e performance de cada produto.

Quando trabalhamos com pontos de venda (PDVs) em diferentes regiões, há, ainda, a necessidade de uma análise do comportamento do produto em cada região. Muitas vezes, o produto que mais vendeu na totalidade, pode ser o produto menos vendido em determinada área. Dessa forma, devemos adequar o nosso mix de produtos, especificamente, a cada localização geográfica.

FAMÍLIA DE PRODUTOS

Outro ponto a considerar é a análise das vendas por família, para que se possa adequar a proporção da quantidade de modelos e referências ao percentual, das partes de cima e das partes de baixo dentro de cada família de produtos.

	Partes de cima	**%**
Camisas de manga longa	4 referências	
Camisas de manga curta	2 referências	
Jaquetas	4 referências	
Total	10 referências	72%
	Partes de baixo	**%**
Calça	2 referências	
Bermudas	2 referências	
Total	4 referências	28%

Figura 6.1: Família de Produtos

Com relação ao ciclo de vida do produto, é preciso verificar onde se encontra cada produto para que se possa decidir onde investir e onde recuar. Para Kotler e Keller (2012), se o produto tem um ciclo de vida, implicitamente, aceitamos que:

- os produtos têm vida limitada;
- as vendas dos produtos atravessam estágios diferentes, cada qual com desafios, oportunidades e problemas distintos para o vendedor;
- os lucros sobem e descem nos diferentes estágios do ciclo de vida do produto; e

- os produtos exigem estratégias de marketing, finanças, produção, compras e recursos humanos específicos para cada estágio do seu ciclo de vida.

Enfim, para que a elaboração do mix de produtos seja bem-sucedida, é necessária uma investigação detalhada quanto a alguns dados importantes:

- os modelos mais vendidos nas últimas estações;
- os modelos que mais contribuíram e que menos contribuíram para o lucro da empresa e os motivos que favoreceram para que isso acontecesse, ou seja, os fatos que explicam o bom ou o mau desempenho desses produtos;
- os modelos que venderam menos que a metade da previsão de vendas e os motivos que contribuíram para que isso acontecesse; e
- os modelos que venderam mais que a metade da previsão de vendas e os motivos que contribuíram para que isso ocorresse.

De posse desses dados, é fundamental questionar se:

- os motivos que explicam o mau ou o bom desempenho estão diretamente ligados ao produto (problemas com o tecido, com a costura, com a modelagem);
- os motivos que explicam o mau ou o bom desempenho estão indiretamente ligados à produção (problemas com a falta ou o atraso de matéria-prima ou acessórios, baixa otimização dos processos, falha no planejamento e controle da produção); e
- os motivos que explicam o mau ou o bom desempenho estão indiretamente ligados ao mercado (problemas no preço).

Assim, com base na análise de dados anteriores, antes da tomada de decisão, propomos os seguintes questionamentos:

- Quais os modelos que devem ser mantidos na coleção?
- Algum modelo tem de ser cancelado?
- Deve-se fazer alterações em modelos já existentes?

- Deve-sem manter algum modelo exatamente igual?
- Na hipótese de manter algum modelo exatamente igual, promover alterações de cores?
- Os custos estimados são ideais para o perfil do consumidor?
- Há necessidade de adequar os custos de algum produto ou linha de produtos?
- É preciso investir mais em conjuntos ou famílias? Em qual proporção?
- Deve-se investir em outros elementos do mix de marketing, como novos canais de distribuição, mais promoção e propaganda, preços diferenciados?
- É necessário modificar outros elementos do mix de marketing?
- É o momento de se concentrar em investimentos para incrementar a participação no mercado?
- Qual será a melhor proporção a ser vendida de partes de cima para partes de baixo com base nas últimas coleções (3x1, três partes de cima para 1 parte de baixo ou 2x1, duas partes de cima para 1 parte de baixo)?
- Quais os tamanhos de modelagens que venderão mais?
- Quais as cores que venderão mais?
- Deve-se investir mais em determinada área geográfica?

Desse modo, é possível definir o mix de produtos personalizado e ideal para cada empresa. Vale lembrar que uma empresa que trabalha com coleção masculina e feminina (ou infantil) tem, para cada coleção, um histórico de comportamento particular, gerando, assim, um mix de produtos diferente.

No caso específico da indústria do vestuário de moda, na hora da criação das coleções em propostas de desenhos, são costumeiramente colocados 40% a mais de modelos que o determinado para a coleção.

Isso é feito com o objetivo de, na hora da apresentação da coleção, ter margem para excluir algum modelo sem prejuízo da quantidade total necessária para o resultado esperado pela empresa.

Ainda, por se tratar de modelos que podem sofrer problemas durante a confecção (modelagem com problema de caimento, tecidos que não são produzidos etc.), é usual a margem de 10% a mais no desenvolvimento dos protótipos para que, ocorrendo imprevistos, a quantidade almejada não seja prejudicada.

Lembre-se: a redução da quantidade significa diminuição da produção e consequente perda de faturamento, o que pode afetar drasticamente uma empresa de vestuário de moda.

Para a defesa da manutenção dos estoques dos produtos oferecidos no mix, é comum a imposição de multas e penalidades entre empresas de vestuário no mercado, principalmente entre as confecções e os grandes varejistas.

A seguir, temos dois exemplos de mix de produtos de uma empresa do vestuário de moda, nos gêneros masculino e feminino. Nota-se, claramente, a diferença do mix de produtos femininos para o mix de produtos masculinos, como também o acréscimo de 40% dos modelos a serem criados.

Nesse caso, apenas para a criação dos desenhos, a extensão do mix de produtos passa a ser de 65 modelos no mix de produtos femininos e 47 modelos no mix de produtos masculinos. Todavia, após a apresentação para a equipe responsável pelas decisões de produtos e retirados os modelos que não farão parte da coleção, o mix de produtos femininos passa a ter uma extensão de 53 modelos, enquanto o mix de produtos masculinos é de de 38 modelos.

	Calças	Bermudas	Saias	Blusas	Jaquetas	Total
Tema 1	3	2	1	6	5	17
Tema 2	5	2	3	9	10	29
Total 100%	8	4	4	15	15	46
Total 110%	9	5	5	17	17	53
Total 140%	11	6	6	21	21	65

Figura 6.2: Mix de Produtos Femininos

Obs.: No total de 110% consideramos uma peça inteira a mais para que aja reposição caso necessário

Gestão de produtos: decisões de mix de produtos

	Calças	Bermudas	Camisas de manga longa	Camisas de manga curta	Jaquetas	Total
Tema 1	3	2	6	2	6	18
Tema 2	2	2	4	2	4	14
Total 100%	5	4	10	4	10	33
Total 110%	6	5	11	5	11	38
Total 140%	7	6	14	6	14	47

Figura 6.3: Mix de Produtos Masculinos
Obs.: No total de 110% consideramos uma peça inteira a mais para que aja reposição caso necessário

MIX DA COLEÇÃO

Na área de vestuário, além do mix de produtos, é recomendável haver um mix de coleção. O mix de coleção é um novo conjunto formado por produtos de diferentes categorias, de modo que seja composto por vários tipos de produtos, superando a divisão entre coleções.

Por exemplo, devem-se analisar as vendas das peças básicas, básicas tendência, fashion, de vanguarda, de modismo e de oportunidade, para se estabelecer o mix de coleção.

Assim, um bom mix de coleção pode conter o equilíbrio comercial entre produtos básicos (peças funcionais que têm venda garantida), produtos básicos tendência (peças funcionais que seguem as tendências de moda), produtos fashion (modelos que seguem as tendências), produtos de vanguarda (compromissos e lançamentos de tendências futuras, que o consumidor precisa conhecer para respeitar a marca como contemporânea, atualizada), produtos de modismo (produtos que surgem baseados na explosão de comportamentos de formadores de opinião) e produtos de oportunidade (modelos criados para eventos específicos do calendário e extracalendário).

Geralmente, os produtos de vanguarda detêm o menor percentual do mix por se tratar de produtos diferenciados com preços mais elevados. Por essa razão, as empresas investem em menores quantidades desses modelos por serem considerados "produtos de vitrina", ou seja, produtos que chamam a atenção e que levam o consumidor ou o lojista a comprar, em maior quantidade, o restante da coleção. Algumas empresas, porém, são especializadas em produtos de vanguarda.

Nem todas as empresas de vestuário de moda trabalham, em seu mix de coleção, com produtos de modismo e produtos de oportunidade.

Os públicos-alvo, por terem estilos de vida diferentes, exigem um mix de coleção compatível com seus comportamentos de compra. A seguir, temos exemplos de mix de coleção, separados por gênero. Fica evidente a diferença de comportamento das vendas das coleções da empresa, de um gênero para outro. Essa diferença provoca a formação de mix de produtos com percentuais que se alteram, mesmo tratando-se de produtos de gênero iguais.

Mix de Coleção	Básico	Fashion	Vanguarda
	40%	40%	20%

Figura 6.4: Mix de Coleção Feminina

Mix de Coleção	Básico	Fashion	Vanguarda
	50%	30%	20%

Figura 6.5: Mix de Coleção Masculina

MIX DE MODELAGEM

O mix de produtos ainda deve ser refinado pelo mix de modelagem. Após definir os tipos de linhas de produtos e a quantidade de modelos, tem de se definir os tipos de modelos, suas variações e modelagens dentro do total de cada linha de produto. Com base no que já foi analisado dentro das informações das coleções anteriores, o total da extensão de cada linha deve ser dividido em modelagens diferentes para atender, da forma mais personalizada possível, o público-alvo. A seguir, temos o exemplo de um mix de modelagens femininas de partes de cima.

Gestão de produtos: decisões de mix de produtos

Partes de cima: Blusas – total de 18 modelos

Baby Look	
Básica	3 modelos
Bata	2 modelos
Decote diferenciado	1 modelo
Modelagem diferenciada	2 modelos
Total	8 modelos
Regatas	
Básica	2 modelos
Decote diferenciado	1 modelo
Com sobreposição	1 modelo
Cava ampla	2 modelos
Total	6 modelos
Tops	
Básica com alça larga	1 modelo
Básica com alça fina	2 modelos
Duas cores com recorte	1 modelo
Total	4 modelos

Partes de cima: Jaquetas – total de 5 modelos

Manga longa	
Básica com bolsos	2 modelos
Básica com re cortes	2 modelos
Modelagem diferenciada	1 modelo
Total	5 modelos

Partes de cima: Camisas – total de 10 modelos

Manga longa	
Básica com bolsos	2 modelos
Básica com recortes	2 modelos
Modelagem diferenciada	1 modelo
Total	5 modelos
Manga curta	
Básica com bolsos	2 modelos
Básica com recortes	2 modelos
Modelagem diferenciada	1 modelo
Total	5 modelos

Figura 6.6: Mix de Modelagens Femininas – partes de cima

SKU: IMPACTO NO CUSTO-ALVO

Não basta somente a identificação da demanda em razão dos itens do mix de produtos. Na formação de um mix de produtos, tem de ser levada em consideração a capacidade de produção da empresa, usualmente medida pelo número de SKUs (*Stock Keeping Units*) permitidas. Também são chamados de unidades de manutenção de estoque.

A SKU designa os diferentes itens de estoque por meio de referências, determinando o limite máximo de unidades de produção de uma empresa.

O volume de produção vai além da capacidade instalada em dada confecção, portanto, é diretamente afetado pelos custos, devendo ser compatibilizado com o custo-alvo.

O custo é um limite material e objetivo no tocante à criação do estilista e interfere diretamente no mix dos produtos. Além das já predefinidas quantidades de modelos, variações e modelagens, existe ainda a meta de custo por modelo e variação de modelo.

O custo-alvo é o reverso do preço-alvo; este último não é estabelecido apenas por uma margem de lucro sobre o custo.

O preço é definido tendo como pressuposto a demanda do consumidor, o preço de mercado praticado pelos concorrentes, os custos e as políticas legais.

O custo-alvo tem por base a decisão de preço. Assim, com a definição do preço, deduz-se a margem de lucro, e o resultado é o custo-alvo. O preço é que determina o custo.

Os estilistas têm de desenvolver a coleção com base nos custos-alvo. Caso algum desenvolvimento ultrapasse esses custos, você vai ter de reconsiderar fatores no desenvolvimento dos produtos para que se atinja o custo esperado. Na Figura 6.7, tem-se o exemplo de uma tabela de custo-alvo de partes de cima e partes de baixo de uma empresa de vestuário de Moda.

Gestão de produtos: decisões de mix de produtos

Parte de cima: Blusas – total de 18 modelos

Baby look		Custo-alvo
Básica	3 modelos	
	modelo 1	R$ 4,50
	modelo 2	R$ 5,00
	modelo 3	R$ 6,00
Bata	2 modelos	
	modelo 1	R$ 7,00
	modelo 2	R$ 7,50
Decote diferenciado	1 modelo	
	modelo 1	R$ 8,00
Modelagem diferenciada	1 modelo	
	modelo 1	R$ 9,00
Regatas		Custo-alvo
Básica	3 modelos	
	modelo 1	R$ 4,00
	modelo 2	R$ 5,00
	modelo 3	R$ 6,00
Decote diferenciado	1 modelo	
	modelo 1	R$ 7,00
Com sobreposição	1 modelo	
	modelo 1	R$ 8,00
Cava ampla	2 modelos	
	modelo 1	R$ 4,00
	modelo 2	R$ 5,00

Parte de cima: Blusas – total de 18 modelos

Tops		Custo-alvo
Básico com alça larga	1 modelo	
	modelo 1	R$ 4,00
Básico com alça fina	2 modelos	
	modelo 1	R$ 3,00
	modelo 2	R$ 4,00
Duas cores com recorte	1 modelo	
	modelo 1	R$ 6,00

Parte de cima: Camisas – total de 10 modelos

Camisa de manga longa		Custo-alvo
Básica com bolsos	2 modelos	
	modelo 1	R$ 35,00
	modelo 2	R$ 40,00
Básica com recortes	2 modelos	
	modelo 1	R$ 45,00
	modelo 2	R$ 50,00
Modelagem diferenciada	1 modelo	
Camisa de manga curta		Custo-alvo
Básica com bolsos	2 modelos	
	modelo 1	R$ 20,00
	modelo 2	R$ 25,00
Básica com recortes	2 modelos	
	modelo 1	R$ 30,00
	modelo 2	R$ 35,00
Modelagem diferenciada	1 modelo	
	modelo 1	R$ 40,00

Parte de cima: Jaquetas – total de 5 modelos

Jaqueta de manga longa		Custo-alvo
Básica com bolsos	2 modelos	
	modelo 1	R$ 50,00
	modelo 2	R$ 55,00
Básica com recortes	2 modelos	
	modelo 1	R$ 60,00
	modelo 2	R$ 65,00
Modelagem diferenciada	1 modelo	
	modelo 1	R$ 70,00

Gestão de produtos: decisões de mix de produtos

Parte de baixo: Calças – total de 14 modelos

Calças		Custo-alvo
Skinny	2 modelos	
	modelo 1	R$ 25,00
	modelo 2	R$ 30,00
Boot Cut	2 modelos	
	modelo 1	R$ 25,00
	modelo 2	R$ 30,00
Reta Five Pockets	2 modelos	
	modelo 1	R$ 30,00
	modelo 2	R$ 35,00
Cintura Alta	2 modelos	
	modelo 1	R$ 40,00
	modelo 2	R$ 45,00
Flare	2 modelos	
	modelo 1	R$ 50,00
	modelo 2	R$ 55,00
Capri	2 modelos	
	modelo 1	R$ 35,00
	modelo 2	R$ 40,00
Legging	2 modelos	
	modelo 1	R$ 20,00
	modelo 2	R$ 25,00

Parte de baixo: Saias – total de 6 modelos

Saias		Custo-alvo
Minissaia	2 modelos	
	modelo 1	R$ 15,00
	modelo 2	R$ 20,00
Saia lápis	2 modelos	
	modelo 1	R$ 25,00
	modelo 2	R$ 30,00
Saia longa	2 modelos	
	modelo 1	R$ 35,00
	modelo 2	R$ 40,00

Parte de baixo: Shorts e Bermudas – total de 6 modelos

Shorts e Bermudas		Custo-alvo
Shorts básico	2 modelos	
	modelo 1	R$ 15,00
	modelo 2	R$ 20,00
Short cintura alta	2 modelos	
	modelo 1	R$ 20,00
	modelo 2	R$ 25,00
Bermuda	2 modelos	
	modelo 1	R$ 30,00
	modelo 2	R$ 35,00

Figura 6.7: Custo-alvo da Coleção Primavera/Verão 2014

Em resumo, o mix de produtos ideal para cada empresa é aquele que atende ao maior percentual possível do seu público-alvo, que lhe trará mais receita, maior margem e o que ficará menos tempo estocado, de acordo com sua capacidade de produção.

Então, pode-se concluir que o sucesso de um portfólio de produtos não se deve unicamente à ação criativa, mas também à formação do mix de produtos e a todo um conjunto de procedimentos que contribuem, decisivamente, para o sucesso de produtos destinados a obter lucros.

COMUNICAÇÃO VISUAL

Para a marca se tornar conhecida, forte na mente dos consumidores e valiosa, é preciso estratégia clara de identidade e posicionamento. A comunicação visual, se bem elaborada, auxilia intensamente na construção dessa identidade e no posicionamento da marca, e torna-se um elemento poderoso de personalização, de diferenciação da marca, em relação aos concorrentes e de representação do que a marca deseja transmitir aos seus clientes.

Desse modo, a comunicação visual, por meio da padronização de um conjunto de elementos visuais, auxilia na construção da identidade ou do posicionamento da marca.

Gestão de produtos: decisões de mix de produtos

Como a marca engloba diversos produtos e pode participar de diferentes mercados, a estratégia da marca deve estar em consonância com a estratégia global e a cultura da empresa, o que faz com que o Gerente de Marcas, responsável pelo comando da marca, trabalhe em conjunto com outros departamentos. O GPM, por ser o gestor dos produtos, tem papel fundamental na elaboração e no acompanhamento da comunicação visual e estratégia de marca.

Numa empresa de moda, a comunicação visual é no composta por vários elementos.

Logotipo

É um conjunto visual formado por letras em fonte específica ou imagem/símbolo, os quais convergem para uma imagem central e única que representa ou simboliza a marca em diversos cenários. O logotipo pode ser formado e apresentado de três maneiras: com tipografia; com imagens gráficas/símbolos; ou misto, pela união dos dois elementos.

Figura 6.8: Logotipo Misto

Papelaria

São itens utilizados para a identificação e fixação da marca. O desenvolvimento de uma papelaria completa é determinante para o reconhecimento da marca e agrega valor a ela. A papelaria deve ser elaborada nas mesmas cores aplicadas no logotipo, bem como na representação da identidade da marca. Os itens que compõem o logotipo são:

- cartão de visitas
- papel timbrado
- envelope pequeno
- envelope saco
- capa, caixa e envelope para CD
- etiquetas adesivas
- crachá
- pasta
- folder
- flyer
- catálogos
- panfletos

Etiquetas Interna e Externa

São itens desenvolvidos, personalizados com o logotipo da marca, para ajudar em sua identificação e fixação. As etiquetas aparecem geralmente localizadas nas partes interna e externa de uma peça de roupa, em locais que possam ficar bem aparentes para fácil visualização.

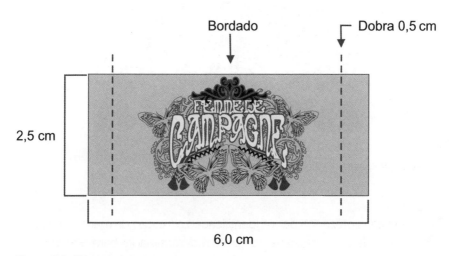

Figura 6.9: Etiqueta Interna

Gestão de produtos: decisões de mix de produtos

Tag

É um item de grande importância, utilizado para destacar o logotipo da marca numa peça de roupa e, muitas vezes, representar, por intermédio de uma imagem, a proposta da coleção. O tag pode ser elaborado em diversos materiais.

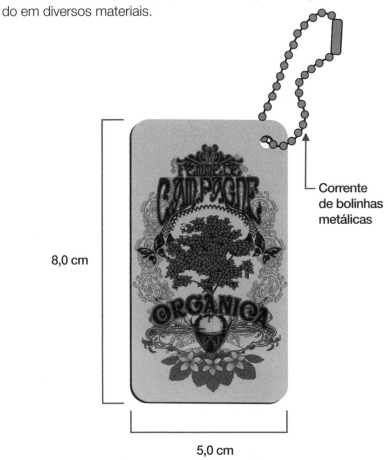

Figura 6.10: Tag

Embalagem

É o item utilizado para embalar o produto. Além da função de proteção, a embalagem (caixas, sacolas, saquinhos etc.) é um poderoso elemento de comunicação visual, pois é o item que oferece maior exposição da imagem gráfica da marca, proporcionando a diferenciação do produto e consequentemente gerando vantagem competitiva.

143

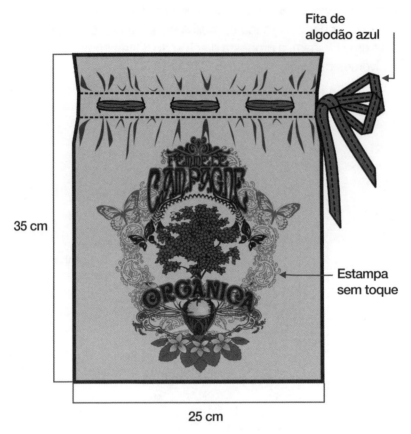

Figura 6.11: Embalagem

Manual de Identidade de Marca

Para que se faça o uso adequado da comunicação visual da marca, algumas empresas têm um manual que indica as diretrizes para sua gestão e apresenta a devida comunicação da marca em diferentes situações e contextos.

Para finalizar este capítulo sobre decisões de mix de produtos, gostaríamos de lembrar que nenhum produto é tão cultuado por gerações como o jeans: básico ou redesenhado com inúmeras releituras e atualizações; objeto de uso para quase todas as ocasiões; casual ou casual chic; com marca ou sem marca; com ou sem posicionamento; com preços baixo ou alto; e com inúmeras modelagens e lavagens, para segmentos diversos (infantil, masculino e feminino). Enfim, é o produto mais emblemático da contemporaneidade. E para transmitir a você os desafios da gestão desse produto e, igualmente, da função de GPM, veja as orientações de Maria José Orione:*

> A principal recomendação para um Gerente de Produtos de Jeans é que ele faça um grande mergulho nas possibilidades que a matéria-prima (denim, o tecido) oferece, visto que esta é muito especial e diferente das demais, pois tem como principal característica a capacidade de mutação após a lavagem, que deve ser realizada depois da confecção (parece óbvio, mas tenho encontrados muitos jovens profissionais que não sabem disso!).
> Como é praticamente obrigatório que o tecido passe por um processo de lavagem pós-confecção, é muito importante que as características do tecido sejam conhecidas e avaliadas, pois a modelagem depende do potencial de encolhimento do tecido após a lavagem. Caso um mesmo modelo seja oferecido em uma gama de lavagens muito abrangente, desde um amaciado até um *délavé*, é provável que precisemos de mais do que uma modelagem, pois o potencial de encolhimento das lavagens pode variar.
> Enfim, esse é apenas um exemplo para ilustrar a grande versatilidade do denim, tecido tão valorizado e atemporal, mas que, justamente por isso, possui uma certa complexidade que exige um maior aprofundamento e análise no momento da escolha da matéria-prima. A adequação do tecido à modelagem escolhida é outro fator fundamental, pois muitas vezes se utilizam tecidos muito leves para modelos muito justos, o que fatalmente pode gerar um alto grau de esgarçamento após a lavagem.
> Longe de mim menosprezar a formação superior. Ela é sempre muito bem-vinda, mas não acredito

em formação superior em Gerência de Produtos. Gerente não se forma na universidade e sim na vida profissional e prática, por isso qualquer profissional precisa começar, seja qual for sua formação, como estagiário ou analista, para vivenciar o funcionamento da empresa/departamento de Marketing (ou Produto), entender seus procedimentos e complexidades, dominar prazos, fornecedores, cronogramas, caminhos possíveis, terceirização ou produção própria e, após dominar o processo e o "saber fazer", galgar os degraus até chegar à gerência de produtos. O que vejo hoje é uma certa banalização do termo!

Claro que uma formação técnica específica ajuda, mas não é fundamental, pois existem cursos de formação não universitários que podem suprir a deficiência técnica por ventura existente. Mas volto a dizer, a pressa da geração mais jovem, me parece um tanto excessiva. Todos julgam que por terem um curso universitário estão aptos às funções gerenciais, e eu realmente não acredito nisso, até mesmo porque a função gerencial pressupõe a administração de pessoas, uma das capacidades mais difíceis de adquirir e dominar, e que muitas vezes vem com a vivência e a maturidade profissional.

A principal função do GPM é de coordenação, seja orientando o estilo quanto à adequação da matéria-prima ao modelo desejado, seja verificando se o tipo de detalhe, estampa, acabamento escolhido são pertinentes às etapas posteriores à confecção, como a lavagem. Da mesma forma, deve observar se o produto final é compatível com o target de preço exigido pela marca ou pela área comercial; avaliar se o tamanho da coleção é condizente com o budget da empresa, estrutura de fornecedores, capital de giro, rede de distribuição etc. Enfim, a melhor analogia que vejo para o GPM é com a de um maestro. Ele tem que reger muito bem a orquestra para que os profissionais executem uma excelente performance, com cada instrumento soando na hora exata.

Não acredito em receitas prontas. Tudo depende da marca, da estrutura de distribuição, do custo, da proposta, mas principalmente da adequação da marca ao público-alvo e, mais ainda, ao público que efetivamente atinge. O que vemos com frequência é uma certa ilusão das empresas quanto a quem é seu público; nem sempre o público que a empresa e/ou a área de Estilo descreve como sendo seu público-alvo aspiracional é aquele que na realidade consome sua marca. E normalmente o insucesso vem quando o gap entre esses dois conceitos aumenta em demasia.

Sugiro ao GPM que esteja aberto às informações, especialmente, àquelas que eles possam receber dos fornecedores de matéria-prima, no caso do tecido denim, das lavanderias, dos fornecedores de aviamentos, produtos químicos etc., pois mantendo os ouvidos abertos à experiência existente no mercado, o profissional poderá evitar os erros anteriormente cometidos por outros elos da cadeia têxtil. É fundamental aprender com a experiência alheia e encurtar caminhos para atingir a excelência. Ou seja, todo bom profissional deve ter os olhos e os ouvidos muito abertos, e essencialmente a mente aberta, às mudanças, adequações, atualizações, pois com a velocidade do mundo em que vivemos, o que era certo ontem pode não ser mais satisfatório amanhã! Principalmente no mundo da moda."

* Maria José Orione é Diretora de Planejamento Estratégico da Capricórnio Têxtil e coordenadora da pós-graduação do Istituto Europeo di Design (IED). Foi Gerente de Produtos da Zoomp e gerente de marketing para América do Sul da Tavex. Tem experiência em tecnologia e comercialização do denim em tecelagens e confecções nacionais e internacionais.

7

GESTÃO DE PREÇOS EM MODA

Como fazer uma gestão eficaz de preços, em ambientes que mudam rapidamente?

Na moda, as mutações de preços nos produtos e serviços e formas de comercialização são constantes. A cada estação, estabelecem-se preços para as novas coleções sazonais e, igualmente, para os lançamentos eventuais não atrelados às estações, como eventos esportivos, releituras, produtos de novas tecnologias e a própria reposição no sistema fast-fashion etc. A taxa cambial de importação e exportação, novos fornecedores com preços e processos mais baratos (Índia, Vietnã, Peru, Tailândia, China), bem como os impostos, são outras variáveis que provocam oscilações de preços. E, finalmente, a competitividade do setor e as liquidações justificam a necessidade de se buscar um processo de gestão de preços eficaz do Gerente de Produtos de Moda (GPM).

Como destaca Carlos Ferreirinha, consultor especializado no mercado de luxo: "[...] o futuro será marcado pela velocidade!... Fast Fashion, Speed to Market... o que fará diferença de agora em diante é conseguir ser o mais rápido em entregar para o consumidor final produtos inovadores ou pelo menos novidades".[1]

Essa velocidade, inerente à moda, exige mudanças de hábitos e, principalmente, inovações.

Foi-se o tempo de fixar o preço somente com base nos custos totais (produção, administração, comercialização, financeiro) e margem de lucro. Não que esse método seja errado ou mesmo inadequado, mas hoje em dia é preciso levar outros fatores em conta. A competitividade – e você é um dos agentes, não se esqueça! – é a grande espada sobre a cabeça dos profissionais de moda e exige alterações contínuas que respondam às demandas e incertezas da contemporaneidade e garantam o lucro esperado.

É importante ressaltar ainda que o mercado de moda é extremamente inovador. Por exemplo, foi o primeiro setor a modernizar um núcleo estratégico da cadeia têxtil, a produção terceirizada e, mais recentemente, a importação de produtos de países de custos mais baixos que os do Brasil, por causa de impostos acumulados na cadeia produtiva da moda.

Isso provou ser eficaz tanto na manutenção de padrões de qualidade quanto nos custos, que caíram substancialmente, gerando empreendimentos industriais e até mesmo novos empregos.

Então, como fazer a gestão de preços nesse cenário: fast-fashion, necessidade de liquidações, estruturas mistas de distribuição (lojas próprias + multimarcas + atacado), concorrência feroz – nem sempre ética – em todos os setores da moda? Acrescente-se a isso a oscilação cambial e a inflação que afetam a todos.

Além disso, temos de considerar também o impacto financeiro no preço final do produto proveniente do tempo médio de desenvolvimento de cada nova coleção:

- na confecção: um ano entre o início da criação ao estoque para distribuição;

- no varejo: seis meses entre o início do plano de compras para cada coleção ou linha, definição de grades, compra propriamente dita e o estoque na loja para a venda; e

- no atacado: também um ano, se a operação industrial estiver integrada com o processo de fabricação, estocagem de fábrica, comercialização, logística e estocagem inicial no varejo. Esses tempos são médios, podendo ser um pouco menores ou maiores, dependendo das distâncias entre as pontas inicial e final do processo. Para a operação que envolve importados, é importante considerar que só de transporte marítimo são aproximadamente 60 dias entre a saída da mercadoria de um porto, autorização para embarque, transporte e descarregamento no porto de destino.

PLANEJAMENTO

A primeira preocupação que você deve ter quando começa a pensar em preço não é por quanto as peças serão vendidas, mas quais são os objetivos de marketing para sua marca e para cada item do composto de produtos da coleção. Tenha em mente:
Qual o posicionamento da marca como um todo?
O item principal da coleção deve ter o maior preço? Ou o menor, para puxar os demais?
Qual a política de remuneração da equipe de vendas?
Como será distribuído o produto?
Haverá esforço de comunicação?
Como estão posicionados os concorrentes quanto aos preços?

Essas decisões dizem respeito à diretoria da empresa pois envolvem aspectos estratégicos que afetarão todas as áreas, não somente a de Marketing e de Produtos. Você, GPM, deve iniciar o processo de discussão desses aspectos (caso não haja) e participar dele.

Também é muito comum, na rotatividade profissional do mercado, o novo gestor no cargo ter o ímpeto de impor seu estilo, sua visão de negócio, que deu certo na empresa onde atuava, e provocar mudanças no composto de marketing da empresa, sem analisar atentamente o mercado e a marca para os quais presta serviço agora.

Os recentes acontecimentos no mercado de moda (incorporações, compras, sucessão) comprovam isso de maneira dolorosa para muitos – menos para a concorrência que pede bis.

É imprescindível ter estratégias de marketing bem definidas pois sem isso certamente haverá má gestão de preços.

Uma pesquisa publicada na revista *Economist* mostra que os executivos gastam menos de 10% de seu tempo em suas estratégias de determinação de preços.[2] Você deve investir mais tempo no assunto preço. Lembre-se: ele é o que traz (ou não) o dinheiro para a empresa.

GESTÃO

Além da estratégia de precificar a partir dos custos, o mercado competitivo adota a determinação do custo-alvo (KOTLER e KELLER, 2012).

Por essa estratégia, o processo de desenvolvimento do produto e o estabelecimento de preço são invertidos, ou seja, o início é a resposta à pergunta: por quanto podemos vender o produto?

O início é o preço de venda ideal baseado no conhecimento do consumidor-alvo e seu comportamento de compra. A empresa precisa buscar eficácia de processos em suas operações: comprar, terceirizar, manter estoque de produtos acabados, abrir novos canais que visam reduzir custos, mantendo-se a qualidade percebida pelos clientes, de modo a operar numa faixa de preço que suporte a oferta. Observe que: o importante é a qualidade percebida.

Nessa estratégia, o papel do GPM é indiscutível. Faça a comparação: na forma tradicional, os custos diretos e indiretos são os que orientam a definição do preço, cabendo ao GPM administrar a partir das contingências dos vários setores sobre os quais não tem poder de decisão. Na estratégia de determinação do custo-alvo é a área comercial quem determina qual a faixa de preço de venda e, a partir daí, qual a composição de custos que o produto deve ter, para se trabalhar tendo como objetivo o lucro. Assim, a decisão inicial será a da área comercial da qual o GPM faz parte.

PREÇO E A PSICOLOGIA DO CONSUMIDOR

Na moda, mais que em outras áreas, o consumidor nem sempre é racional quanto aos preços dos produtos que deseja (ou tem de) comprar.

Sua decisão de compra baseia-se, principalmente, no valor que esses produtos agregam. Isso está longe de ser racional.

Enquanto o preço é a realidade objetiva com a qual o consumidor tem de conviver, o comércio de moda é criativo especialmente quanto às facilidades de crédito: vendas a prazo, "sem juros", cheques pré-datados, em várias vezes no cartão de crédito e outras ações que incentivam a subjetividade da decisão de compra em moda.

A seguir, veremos alguns modelos, apontados por Kotler e Keller (2012) que esclarecem o envolvimento psicológico do consumidor em relação ao fator preço.

Preço de Referência

Em seu processo de compra, os consumidores costumam usar preços de referência. Haja vista que poucos consumidores conseguem lembrar com precisão o preço específico dos produtos, apesar de recordarem as faixas de preços comparativamente na categoria.

O preço de referência é quando o consumidor observa um preço no comércio e o compara com uma referência interna já conhecida. São bons exemplos: preço justo, último preço pago, preços do concorrente, preço com desconto que está habituado a pagar.

Inferências Preço-Qualidade

O preço é um indicador de qualidade. Observe que o consumidor não associa produtos de boa qualidade a preços baixos, nem o líder da categoria sendo vendido a um preço mais baixo.

Em moda, o preço resulta não apenas do produto em si, mas principalmente, de sua marca, bem como da marca do ponto de venda (PDV), da vitrina e de todo o aparato que "embala" o produto.

Se a tradição da marca sustenta a estratégia de alto valor de compra, o preço não tem tanta relevância, ou seja, o preço passa a ser significativo quando a marca não tem o valor que pretende e quer transferir isso para o preço.

Percepções de Preço

Um item de moda de R$ 199 para o consumidor ainda não está na faixa de R$ 200.

Há estudos diversos que analisam o comportamento do consumidor com relação à percepção que ele tem dos preços para tomar suas decisões de comprar ou não um produto. Kotler e Keller (2012) destacam:

- Estudos mostram que consumidores tendem a memorizar os preços "da esquerda para a direita" sem os arredondar. Uma explicação para isso é que os preços terminados em "9" transmitem a ideia de desconto ou pechincha. Se uma empresa busca criar uma imagem de alto preço, deve evitar a tática de números quebrados.
- Outro estudo mostrou que a demanda por um vestido de fato aumentou em 1/3 quando o preço subiu de US$ 23 para US$ 39, mas, quando o preço subiu de US$ 34 para US$ 44, não houve alteração da demanda.
- Preços que terminam em "0" ou "5" são mais facilmente memorizados.
- Placas de "liquidação" colocadas ao lado dos preços provocaram aumento de demanda, mas apenas quando não houve excesso em utilizá-las; quando as placas são afixadas apenas em alguns itens da vitrina, as vendas totais aumentam.
- Algumas situações favorecem o uso de preços promocionais: itens comprados com pouca frequência; os clientes são novos; modelo do produto muda com o tempo; preços variam com a temporada e qualidade ou o tamanho variam entre lojas.

Markups

Para melhor compreensão, veja a descrição resumida de um Demonstrativo Operacional de uma empresa para determinado período. Tenha sempre em mente a sequência a seguir.

Vendas Brutas (todas as notas fiscais (NFs) emitidas com o valor bruto dos produtos)
- Devoluções e Descontos
= Vendas Líquidas
- Custo das Mercadorias Vendidas (CMV = estoque inicial em determinado período + compras nesse período – estoque final desse período)
= Margem Bruta
- Despesas operacionais (salários, comissões, encargos, seguros, publicidade, depreciação, juros, telefonia, fax, amortizações etc.)
= Lucro Líquido antes do IR

Com essas informações, você entenderá o que é markup e o que este representa como instrumento gerencial. Veja que a margem bruta é:

- igual às Despesas Operacionais mais o Lucro Líquido; e
- igual às Vendas Líquidas menos o CMV.

Conhecendo o markup, você saberá se terá lucro ou prejuízo. Entende-se como markup a margem calculada tanto a partir do custo do produto quanto do preço de venda.

É uma informação gerencial que determina a lucratividade esperada ou real da operação. O markup está intimamente relacionado com a margem bruta.

O executivo estabelece qual o markup que deseja e, a partir daí, estabelece sua operação, ou seja, determina as despesas conforme as expectativas de vendas.

O markup é usado sobremaneira no comércio atacadista ou varejista.

Markup sobre Custo

Suponha a seguinte situação: a confecção vende para a loja A um item a R$ 100; a loja A vende o mesmo produto por R$ 150, portanto, com a diferença de R$ 50.

O markup sobre custo é calculado dividindo R$ 50 por R$ 100 = 0,5, ou seja, 50%. O markup custo é de 50%.

Markup sobre Venda

Suponha outra situação: a confecção vende para a loja B um item a R$ 100; a loja B vende o produto por R$ 150, portanto, com a diferença de R$ 50.

O markup sobre venda é calculado dividindo-se R$ 50 por R$ 150 = 0,3, ou seja, 30%. O markup venda é de 30%.

Markup sobre Custo: uso prático

Um confeccionista ou lojista estabelece como critério de preço que seu markup é de 50% sobre custo. Se o custo de fabricação ou de compra de um item é de R$ 90, qual deve ser o preço de venda?

$$MU = \frac{R\$\ 90 \times 50\%}{100\%} = R\$\ 45$$

Logo, o preço de venda é de R$ 90 + 45 = R$ 135.

É uma simples "regra de três" que facilita muito os demais cálculos para se estabelecer o preço de venda.

Lembre-se: o valor do markup não é aleatório e deve ter como base os cálculos e experiências anteriores da empresa.

Markup sobre Venda: uso prático

Um confeccionista ou lojista estabelece como critério de preço que seu markup é de 40% sobre o preço de venda. Se ele fabricou/comprou um item que custa R$ 90, qual deve ser o preço de venda?

Se o markup é de 40%, o custo da mercadoria é de 60% (a diferença entre 100% do preço de venda e o markup de 40%). Logo,

PV = R$ 90 X 100% = R$ 150
          60%

Vale ressaltar que até o governo Fernando Collor de Mello (1990-1992), o mercado brasileiro operava apenas com base no markup custo. Com a abertura de mercado, as empresas passaram a se preocupar mais com a concorrência, principalmente a internacional.

MAIS ALGUMAS CONSIDERAÇÕES

A moda tem vários ciclos de vendas, conforme as coleções, minicoleções, presença de importados, alta competitividade do varejo, entrada de novos estilistas, de marcas, de formato de lojas, venda por e-commerce, ascensão de marcas que de repente "roubam a cena" das preferências do consumidor jovem e tantos outros fatores. Por isso mesmo, é difícil estabelecer critérios permanentes de fixação de preços para os produtos.

O cálculo do markup dos produtos, seja qual for o método adotado, é um instrumento poderoso na apuração da lucratividade de uma coleção/produto ou mesmo item. Pode-se dizer que a correta determinação do markup é a espinha dorsal do negócio de moda – aliás, de qualquer negócio –, porém, na moda as circunstâncias são mais voláteis.

O professor Arilson Pereira Vilas Boas[3] fornece um exemplo prático de qual a importância de se conhecer markup industrial de um produto, tomando-se por base a fabricação de um calçado:

Gestão de preços em moda

Custos primários (couro, linha, cola etc.) $ 47,45
MOD (Mão de Obra Direta: cortador, costureira etc.) $ 25,00
CIF (Custos Indiretos de Fabricação fixos e variáveis:
salário de supervisor, IPTU do galpão Industrial,
materiais diversos etc.) $ 8,00
CPA (Custo do Produto Acabado) $ 80,45

Preço Ideal	100,00%
ICMS	18.00%
PIS/Cofins	7,65%
Comissão de vendedores	2,00%
Despesas administrativas	12,00%
Despesas com propaganda	3,00%
Outros impostos	3,00%
Lucro	25,00%

} 70,65%

Sobraram 29,35% = Preço ideal: 100,00% – Total Custos e Lucro: 70,65%

$\dfrac{100,00\%}{29,35\%}$ = **3,4072 = markup**

CPA X markup = $ 80,45 X 3,4072 **= $ 274,11 = Preço de Venda**.

Detalhando o cálculo:

- os 70,65% referem-se aos impostos, comissões, despesas e a "margem de lucro" determinada por empresário, negócios etc.;
- os 29,35% referem-se aos custos (matéria-prima, MOD e CIF);
- o markup de 3,4072 servirá para calcular o preço de venda; e
- o markup é um índice que aplicamos ao custo para chegarmos ao preço de venda (isso na precificação com base nos custos). Isso facilita, por exemplo, quando temos uma coleção com número grande de produtos. Consideramos os custos (que na maioria das vezes são diferentes) e multiplicamos pelo markup. Depois, analisamos o preço da concorrência (caso exista produto similar no mercado) e o preço econômico, este, com base na percepção de valor que o cliente tem.

Vilas Boas também sugere que, antes de tudo, seja analisada a estrutura de mercado e a competitividade. São três as possibilidades do mercado:

- Monopólio: quando há um só fornecedor para muitos compradores. Nesse caso, o fornecedor monopolista fixa os preços buscando lucratividade máxima, uma vez que não há concorrentes. Em moda é quando um fornecedor descobre um novo produto e que só ele tem a patente e comercializa, ou só ele importa um item ou matéria-prima essencial.

- Oligopólio: quando há poucos fornecedores para muitos compradores. Aqui a competição existe, mas ainda pode ser cartelizada, para que todos os fornecedores tenham lucratividade máxima.

- Concorrência Monopolística: quando há muitos vendedores e muitos compradores. É considerada a situação ideal, pois é o mercado quem determina as condições competitivas, ou seja, cada um compete com seu estilo gerencial. Esse é o modelo existente no mercado da moda.

Além disso, Vilas Boas acrescenta que, tendo chegado ao preço com base nos custos, por meio da fórmula tradicional do markup, o gestor passe para o segundo momento que é o preço com base na concorrência.

Como uma empresa sabe seu próprio markup, fazer a pesquisa de mercado junto à concorrência possibilita estimar o custo do concorrente (considerar que os impostos são os mesmos, os salários estão na média do mercado e os demais custos são semelhantes). Os concorrentes mostram até em que patamar ele pode operar.

Vilas Boas recomenda ainda que nesse processo decisório leve-se em conta a formação de preço com base na percepção de valor econômico do bem ou serviços que a empresa oferece. Aqui entra a Psicologia Econômica para a formação de preços, com efeitos econômicos e psicológicos. Para isso, é importante considerar:

- Efeito preço referência: no momento da compra, o primeiro impulso do comprador é estabelecer uma referência, portanto, o vendedor bem treinado aborda o comprador perguntando "quanto pretende gastar?" e oferece o item com preço acima da quantia estipulada, para descer, se for o caso (é a venda de cima para baixo, pois o cliente pode ter falado menos que realmente pretendia).

- Efeito comparação difícil: a sensibilidade a preço fica diminuída quando se tem dificuldade de comparar. É o caso do mercado de luxo.

- Efeito preço/qualidade: a mente do consumidor percebe que tudo o que é mais caro é melhor, lembrando que na formação de preço há três classes: preço-prestígio (ligado à imagem do produto); preço-exclusividade e preço-alto sem dica de exclusividade (estilistas novos que se lançam cobrando preço alto).

- Efeito custo de mudança: a sensibilidade a preço tem relação direta com investimento realizado por uma mudança, como mudar de fornecedor, loja, marca.

- Efeito custo compartilhado: são os casos de parceria, em que duas ou mais empresas dividem os altos custos, por exemplo, de um desfile que tem patrocinadores.

Portanto, invista tempo, pesquisa no PDV e relacionamento entre as várias áreas de sua empresa, compartilhando suas opiniões sobre o preço que os produtos devem (e podem) ter no lançamento e durante a coleção.

NOTAS

[1] FERREIRINHA, Carlos. Como caminha a moda no Brasil? **L'Officiel Brasil**, ano 1, n. 1, p. 106.

[2] Citado por Kotler e Keller (2012).

[3] Economista, contabilista, especialista em economia de empresas e consultor de negócios, com experiência de mais de 20 anos no mercado de luxo e negócios da moda. As referências a Arilson Pereira Vilas Boas aqui apresentadas fazem parte de uma entrevista que ele concedeu aos autores.

8

GESTÃO DA COMUNICAÇÃO INTEGRADA DA MARCA DE MODA

Gradualmente, a comunicação cresce em importância como ferramenta de marketing para o Gerente de Produtos de Moda (GPM). Exagero? Você verá ao longo deste capítulo que o aspecto da promoção destaca-se no composto de marketing e permite que a empresa alcance vantagem sobre os concorrentes pois está vinculado ao valor percebido. E, para ser percebido, o valor tem de ser comunicado, e muito bem comunicado.

Nesse mundo tão competitivo, com centenas de marcas em que os consumidores não conseguem diferenciar claramente um produto dos demais, ou uma loja da outra, a única – repetindo – a única maneira de diferenciar o produto, a marca ou a loja é por meio da comunicação. O produto, a marca ou a loja serão o que a comunicação disser. Ficou claro?

COMUNICAÇÃO DE MARKETING
A comunicação tem relação com pensamentos e significados. Os pensamentos são transmitidos e o significado é compartilhado entre pessoas ou organizações e pessoas, afirma Shimp (2002).

Marketing, você já sabe o que é: tem a ver com o valor que a empresa oferece ao mercado, recebendo outro valor em troca. Ou, como entendem Kotler e Keller (2012), que ressaltam ser a missão de qualquer empresa oferecer valor ao cliente, sem abrir mão do lucro, sendo que essa oferta de valor contempla selecionar o valor, tendo por base as informações dos clientes, fornecer o valor e comunicar o valor. Assim, podemos entender o valor como o benefício esperado.

Portanto, a comunicação de marketing trata do valor que a empresa comunica acerca de seus produtos e serviços e o significado do valor intrínseco para os seus clientes. Não se trata de consumidores, mas do público-alvo que a empresa elegeu e que por diversas razões se tornaram os clientes.

Lembre-se: no conceito de composto mercadológico proposto por Kotler e Keller (2012), a promoção é parte integrante, juntamente com pessoas, processo e performance. O Composto de Marketing trabalha com os "8 Ps": Pessoas, Processo, Programa e Performance; os já conhecidos "4 Ps" – Produto, Preço, Ponto (ou Praça) e Promoção – agora integram o "P" de Programa.

PROMOÇÃO
Os principais meios de promoção são:

Venda Pessoal

É a forma de comunicação pessoa a pessoa; é o processo de planejar o que vender e como, de falar e ouvir; de ofertar um negócio, os benefícios, de argumentar – ouvir as objeções e responder a elas – e fechar a venda. A única possibilidade de negociação entre comprador e vendedor é a venda pessoal. Como toda comunicação de marketing, o objetivo da venda pessoal é persuadir, convencer e – o que a torna única e, igualmente, uma etapa fundamental – transferir a posse de um bem em troca do valor monetário. Isso é venda – o cliente transfere seu dinheiro (em espécie, no cheque, cartão de crédito ou de débito, ou ainda por fatura e boleto bancário) em troca de benefícios racionais e emocionais que nossos produtos lhe oferecem.

Propaganda

É a comunicação impessoal, paga por um patrocinador identificado, feita por meio de veículos de massa (jornal, revista, TV, rádio, cartaz, cinema etc.) ou por meio de comunicação direta (mala direta, e-commerce). É considerada impessoal porque o patrocinador se comunica com milhares de consumidores simultaneamente. A propaganda visa gerar comportamento de compra, consciência sobre a marca, criar valor para a marca, estimular atitudes do consumidor a longo prazo. Em propaganda, não há negociação. As funções da propaganda envolvem informar, persuadir, lembrar, agregar valor funcional e emocional e auxiliar outros esforços da empresa, destaca Shimp (2002).

Com um novo produto, a informação tem o objetivo de persuadir o consumidor a um comportamento positivo de compra, interesse e valorização. Propaganda não é jornalismo, portanto, somente informar não é o objetivo da propaganda.

Promoção de vendas

São todas as atividades de marketing que oferecem vantagem extra aos clientes, por período curto e com muito impacto. A promoção de vendas provoca respostas rápidas dos consumidores e clientes. De acordo com Shimp (2002), toda e qualquer promoção de vendas tem três aspectos fundamentais:

- os incentivos (descontos, bônus, prêmios etc.);
- o fato de que os incenitivos adicionam – e não substituem – os benefícios básicos que o comprador recebe da marca; e
- a questão de o incentivo mudar o preço e o valor percebido da marca, mas não por muito tempo; essa mudança é temporária.

Atenção: normalmente, o "P" de Promoção é confundido com a promoção de vendas. Não caia nessa armadilha!

Patrocínio

É associar a empresa ou marca com um acontecimento, evento ou causa social. É fundamental que o patrocínio esteja ligado à identidade da marca e da empresa.

Relações-Públicas

São as atividades que a marca (empresa) gera para a comunidade, visando ao relacionamento de longo prazo. Aos poucos, o Relações-Públicas (RP) assume outras atividades, como campanha de lançamento de produtos, eventos e outras ações, em substituição aos investimentos de propaganda (por seus altos custos e com muitos executivos questionando sua eficácia). Ultimamente, o RP cria um evento ou acontecimento para gerar notícias, mídia espontânea, por exemplo, que tem maior credibilidade que os anúncios propriamente ditos. Shimp (2002) destaca que relações-públicas é uma ferramenta que permite promover e proteger a imagem de uma empresa e de seus produtos. As atividades de RP, de acordo com o autor, têm duas características primordiais:

- alta credibilidade: os leitores têm maior confiança em notícias e artigos em jornais que em propaganda em anúncio de jornal ou revista; e
- atmosfera natural e espontânea: os clientes querem evitar a presença e pressão de vendedores, e a atividade de RP normalmente passa despercebida.

Tendo isso em vista, conclui Shimp (2002, p. 480), a ferramenta relações-públicas "é efetiva para despertar a atenção e o interesse do cliente; por isso é mais utilizada nas fases de nascimento e crescimento do produto; em outras palavras, leva o cliente até o produto".

Publicidade

Considerada por alguns autores, como Shimp (2002), um sinônimo de assessoria de imprensa, ou seja, a inserção de notícias sobre produtos, marcas e empresas na mídia, o que faz com que o espaço não seja

Gestão da comunicação integrada da marca de moda

pago diretamente pelo proprietário da marca. A empresa investe numa assessoria própria ou externa, pagando salários ou *fee* mensal pelos trabalhos de divulgação em imprensa. No Brasil, o termo também é utilizado para designar o espaço pago em mídia impressa quando, em vez do anúncio tradicional (grande imagem e pouco texto), o referido espaço é usado como numa reportagem (muito texto informativo tratado jornalisticamente e pouca imagem). Nesses casos, é comum haver no canto superior direito "da matéria jornalística" o aviso "Informe Publicitário". Em moda, é comum essa prática, mas negociada entre anunciante e veículo com o nome de publieditorial.

Assessoria de Imprensa

No Brasil, essa atividade de comunicação de marketing é – sem sombra de dúvida – de importância central na moda. Pense no que você mesmo lembra das marcas de moda, o resultado será mais favorável a reportagens, entrevistas, desfiles, produção de moda em revistas, jornais, televisão, redes sociais, em detrimento dos anúncios propriamente ditos. Confecções, malharias e mesmo estilistas têm construído suas identidades de marca preferencialmente por meio da assessoria de imprensa. São jornalistas de moda que estruturam equipes profissionais para atuarem junto à mídia e divulgar notícias de seus clientes, fazendo a gestão profissional de suas exposições públicas.

Você deve levar em consideração que os próprios meios de comunicação – TV, rádio, jornal, revistas, blogs etc. – procuram ser competitivos entre si, buscando sempre noticiar grandes acontecimentos em primeiro lugar, portanto, confie à assessoria de imprensa profissional a gestão do que for comunicar para que sua notícia seja também um acontecimento importante no mercado.

Vale destacar que a assessoria de imprensa é uma ferramenta de comunicação primordial para a moda, principalmente se considerarmos

165

que a mídia se interessa cada vez mais pelos assuntos dessa área e necessita de notícias, novidades, fatos para atender seus clientes (leitores, ouvintes e telespectadores).

O fato de se trabalhar com a notícia, em vez do tradicional anúncio, faz com que o trabalho de assessoria de imprensa tenha seu valor crescente numa sociedade ávida por mídias e novidades. Além disso, uma informação (ou notícia) ocupa menos espaço que um anúncio, sendo eficaz e com custos mais baixos.

Eventos e Desfiles

São ações em que a moda atrai para si a atenção do público e da mídia nacional e internacional. Como aponta com muita propriedade o professor de História e Cultura de Moda João Braga,[1] "[...] o desfile de moda é uma lente de aumento sobre a criação dos estilistas para chamar atenção da mídia para seus lançamentos e novidades".

Os eventos e desfiles de moda são uma prática demasiadamente conhecida – SPFW, Minas Trend e tantas outras fashion weeks no Brasil e pelo mundo – e atraem compradores, jornalistas e formadores de opinião, e, com isso, aumentam a exposição da marca, nacional, regional ou apenas promocional de alcance limitado.

Nos desfiles, cada marca (estilista) produz cuidadosamente a comunicação de sua coleção com a ajuda do stylist, profissional responsável pelo desfile, incluindo trilha sonora, cenários e todos os detalhes para se transmitir a proposta que cada coleção deseja para o público, clientes e mídia especializada.

COMUNICAÇÃO INTEGRADA DE MARKETING

Com tantas opções táticas à disposição da marca para se comunicar eficazmente com os mercados atual e potencial, os maiores desafios são:

- Estabelecer o correto posicionamento da marca, ou seja, como você quer que sua marca seja percebida pelo cliente atual, pelo cliente potencial e pela mídia especializada. Posicionamento refere-se à posição que você quer que sua marca tenha na mente do mercado, principalmente daqueles usuários seus clientes. Qual o valor de sua marca que todos deverão perceber? Não perca de vista: é você quem estabelece o valor que sua marca oferecerá,

com base no conhecimento que tem de seus clientes; eles não podem ter dúvida do valor oferecido.
- Fazer a gestão dos recursos da empresa para integrar essas ações do "P" de Promoção. Lembre-se: integrar é mais que somar!

O objetivo da Comunicação Integrada é influenciar o comportamento do seu público-alvo, ou seja, o consumidor atual e potencial e – sempre – os meios de comunicação. Você deverá considerar que seu público-alvo é submetido a um número exorbitante e abusivo de estímulos para consumo de produtos (+ serviços + experiências de compras) e aproveitar a força da integração dessas ações táticas, tendo como aliada a mídia.

As principais características da Comunicação Integrada de Marketing (CIM), de acordo com Shimp (2002), são:

Afetar o comportamento

O papel da comunicação é o de atuar no comportamento do público-alvo. Isso é mais que influenciar a consciência ou modificar a atitude do consumidor para com a marca. O resultado da CIM é obter comportamento, ação, levar as pessoas a agir. Por isso que a compra por impulso é um comportamento desejado pela CIM em moda.

Como já vimos anteriormente, a CIM deve atuar em todo o processo de comportamento de compra do consumidor. O consumidor passa por um processo de avaliação até se decidir pela compra *versus* não compra. É nesse processo que você deverá fazer uso da CIM.

Atenção: a comunicação atua no comportamento, não na atitude. A atitude será reforçada, alterada, modificada, eliminada pelo produto nos atributos funcionais e emocionais. A comunicação só provoca comportamento positivo, neutro ou negativo. Não faça planos de marketing que atribua à comunicação resultados na atitude. Se o produto não estiver compatível com a comunicação, a culpa do fracasso será atribuída a ela. E a você, é claro!

Começar com o cliente (ou cliente potencial)

Não é a empresa quem decide o início do processo da CIM; é o cliente; ou seja, você deverá conhecer o comportamento de seu cliente atual (e do potencial) para decidir como desenvolver os esforços da CIM. O princípio dos esforços do GPM para influenciar o comportamento dos clientes é conhecer o processo de motivação de compra.

Utilizar toda e qualquer forma de contato

Esse é um canal viável da CIM, desde que atinja seu público-alvo, isto é, de que essa forma de comunicação seja eficaz para chegar até ele.

Gerar sinergia

Sinergia é expressar um único valor em todas as ações de comunicação. Cada veículo (TV, rádio, revistas, redes sociais etc.) tem sua própria linguagem, mas o valor a ser comunicado é o mesmo, respeitando as características de cada um.

Você sabe, uma ação que não esteja integrada ao todo, prejudicará o esforço total.

Para isso, todo cuidado é pouco e, provavelmente, você se sentirá tentado a ceder às pressões dos diretores, do varejo, ou mesmo dos preços convidativos. Analise e decida como tudo isso contribui com ou atrapalha o valor integrado a ser comunicado.

Construir relacionamentos

O relacionamento a ser construído é entre o cliente e a marca. É o relacionamento que possibilita a empresa criar fidelidade de seus clientes e atrair os novos. As empresas descobriram que é mais eficaz e barato manter os clientes atuais que buscar novos. O relacionamento precisa ser lucrativo para a empresa. O GPM deve entender que os segmentos de atacado e varejo são os primeiros "clientes" que compram sua marca de confecção, e o consumidor é o usuário da marca, pois, se o varejo não comprar da confecção, o usuário final não vai nem saber. Se entender dessa forma, você está certo! Lembre-se: para cada um desses "clientes", você precisa construir relacionamento.

CENÁRIOS DE COMUNICAÇÃO

Por que as empresas têm a tendência de considerar a CIM em vez de investir somente em propaganda? Sabemos que no Brasil a TV tem uma fantástica força de persuasão, provavelmente maior que em qualquer país do mundo: novelas, vida pessoal de famosos da TV e do futebol têm audiências espetaculares e influenciam comportamento de todo o país. Com essa força de influência, os custos de inserção na TV tornam-na uma opção inviável para a maioria das empresas de moda, pelos custos de veiculação e riscos de dispersão das mensagens.

As empresas voltam-se para outras opções, seguindo as tendências mundiais, levando a propaganda a dividir com outras alternativas "a fatia do bolo" do investimento em comunicação. Essa é a nossa realidade!

De acordo com Shimp (2002), as tendências mundiais para uso da comunicação traduzem-se em:

Diminuição da crença na propaganda em veículos de massa

Seja porque o mercado cria novas opções de comunicação, seja por questões de custos, procedimentos legais restritivos ou mesmo alterações no perfil de comportamento do consumidor, a propaganda perde espaço de investimento para outros meios de comunicação. Executivos testam a eficiência de outros meios, mesmo sem ter clara informação de sua eficácia, como as redes sociais, participação em cenas de filmes, em novelas e, ultimamente, em games.

Se você gosta de games, seja de que natureza for, sabe que esse entretenimento está cada vez mais popular, sofisticado, com muito mais recursos. Consulte as empresas especializadas de informação de mercado e pesquisa e surpreenda-se com o número de usuários de games, por faixa de idade e segmento de mercado. Sua marca poderá estar num game voltado a seu público-alvo, com milhares de visualliizações, durante tempo prolongado.

Aumento da confiança em métodos de comunicação altamente dirigidos

A tecnologia disponibiliza aos executivos de marketing o uso correto de comunicação dirigida a partir de um banco de dados. Mala direta, revistas segmentadas, mídia em ponto de venda (PDV), redes sociais (blogs, Facebook, Instagram, YouTube e centenas de novos aplicativos lançados diariamente, muitas vezes gratuitos, entre outras novidades) e telemarketing são opções com crescimento de atenção do mercado.

Maior demanda imposta aos fornecedores de comunicação de marketing

Um grande número de agências especializadas – de propaganda, de marketing direto, de promoções, de design etc. – é pressionado para aumentar seu leque de serviços, ou seja, agências de propaganda incorporam serviços de marketing direto, de promoções de vendas, de design, de RP, entre outras. Essa tensão vem dos clientes que preferem tratar com menos fornecedores, o que ameaça também desde processos internos, Centro de Processamentos de Dados (CPD), cadastro de fornecedores, reuniões com várias pessoas, conforme trabalho e assuntos, até espaço na memória do servidor da empresa etc. Pense no impacto para o processo de reduzir o número de produtos (fornecedores, embalagens etc.) para uma empresa de alcance mundial.

Aumento da pressão para avaliar o retorno sobre os investimentos em comunicação

Um grande anunciante disse uma vez: "50% de meus investimentos em propaganda são desperdiçados, mas o problema é que não sei quais 50%" (citado por KOTLER, 1967, p. 451). Pela pressão dos acionistas por melhor gestão de retorno de seus investimentos, as empresas começaram a controlar melhor seus gastos em comunicação. O resultado é que hoje a área financeira força as áreas de comunicação para que estabeleçam seus objetivos, visando ao retorno sobre as campanhas: Qual o resultado esperado para a conquista de novos clientes? Quantos clientes queremos manter? Qual o aumento de vendas? E de crescimento de mercado? Após as campanhas, esses objetivos serão cobrados dos executivos de marketing e fornecedores.

Por esse cenário de pressões para melhores resultados, você deve se preparar para o maior dos desafios de um GPM: a gestão da comunicação da marca. Você verá que todos entendem de comunicação, darão palpites para as peças publicitárias que você desenvolverá, mas.... Resista! Sem ser teimoso, ouça opiniões, dê a sua. Evite "eu acho que...".

GESTÃO DA COMUNICAÇÃO EM MODA

No processo de gestão da comunicação em moda, você, como GPM, terá atribuições nos seguintes níveis:

Estratégico

Por meio de pesquisa, é importante definir o valor da marca, seus benefícios funcionais, emocionais e de autoexpressão, bem como o posicionamento de comunicação, o calendário promocional, especialmente aqueles eventos dos quais não é conveniente participar sem risco de colidir com o posicionamento. Por exemplo, se você é GPM de uma linha infantil, deve recusar-se a participar de um evento patrocinado por uma revista de esportes radicais ou eróticas, ainda que a oferta seja tentadora. Coordenar as grades da coleção, as previsões de vendas e de distribuição para cada canal ou praça, dar suporte ao relacionamento com a rede de lojas e as decisões estratégicas têm grande impacto no planejamento e nos resultados do produto. Mas, de fato, são poucas as empresas de moda em que o GPM se envolve nas decisões estratégicas.

Operacional

Consiste em o GPM monitorar o cronograma de ações de cada coleção, do lançamento de cada campanha, controlar o uso correto da marca, conforme o manual de identidade de marca, participar das reuniões de comitês, acompanhar visitas de vendas, visitar lojas da rede e/ou multimarcas para monitorar as vendas e a exposição de seus produtos, ter participação ativa nas reuniões com as agências de comunicação, orientar e decidir ações de comunicação dirigida, acompanhar produção de comerciais, books, comerciais etc., conferir orçamentos de mídia. Para as decisões operacionais, o GPM se envolve no cumprimento dos prazos e dos custos e tem que fazer a operação "andar".

Tático

O GPM deve acompanhar as decisões tomadas com relação a seu produto e seu impacto nos processos da empresa. As ações táticas são sempre emergenciais ("em cima da hora"). Para exercer ações no plano tático, o GPM deve ser treinado a agir com rapidez, tomar decisões sob pressão, ser um coordenador entre as áreas que estiverem envolvidas em determinado processo, para que o programa de marketing de seus produtos aconteça nos prazos, e administrar atritos que possam causar atrasos ou impacto negativo junto aos clientes. Na empresa, o GPM deve iniciar suas atividades pelo plano tático, para que o profissional saiba como resolver os inúmeros imprevistos da operação.

Esses planos não são excludentes, por exemplo, "quem é estratégico não se envolve com ações táticas". Isso não existe. As tarefas têm de ser feitas aqui e agora, e ponto final. O importante é que você saiba que sua carreira começa no tático, mas tendo em vista alcançar o nível estratégico. Numa reunião, você se envolverá com sugestões e opiniões sobre todas esses planos.

VALOR DA MARCA

O conceito de marca está intimamente ligado ao produto, ou seja, marca é um atributo de produto. Por que, então, está em comunicação? Porque a marca é o valor principal a ser comunicado, sobre o qual devem se apoiar todo o processo de gestão de marketing na moda.

Tudo o que um profissional de marketing deve desenvolver para suas marcas e empresa tem um nome: valor. Como fazer? Por onde começar? Há um processo para o cliente receber mais valor? Isso funciona na moda?

Quanto mais competitivo for o mercado, mais difícil e necessário será descobrir o valor da marca e de seus produtos.

Todos os anos, faculdades e cursos profissionalizantes colocam no mercado dezenas de profissionais de Moda; há a criação de novos polos de desenvolvimento de moda no país; o atacado muda o perfil de desenvolvimento de produtos e de vendas; o varejo busca novas formas de atendimento e de vendas, expandindo sua rede; a internet é, cada vez mais, imprescindível para as vendas de produtos de moda; os consumidores estão cada vez mais segmentados em comportamentos de compra... Portanto, está mais difícil diferenciar o produto ou o PDV de inúmeros concorrentes formais e informais também.

Eis seu desafio: selecionar o valor, fornecer o valor e comunicar o valor de sua marca, ressaltam Lanning e Michaels (citados por KOTLER e KELLER, 2012).

Selecionar o valor é um desafio trabalhoso e delicado pois é uma definição estratégica. Você, as equipes de marketing, pesquisa e comercial e as agências de comunicação e de design precisam ter estas ações em mente:

- segmentar o mercado total: dividir o mercado total em partes que façam sentido para sua empresa;
- selecionar o segmento de maior potencial para sua marca e seus produtos; e
- posicionar o valor para esse segmento que você escolheu para trabalhar.

Posicionar o valor representa decidir o que sua marca vai oferecer ao seu público-alvo, por meio de produtos, serviços e PDVs, porque é exatamente isso o que ele espera, ainda que não tenha consciência disso.

Esteja atento para o estilo de vida de seu cliente ou do público-alvo (como vive, como pensa, como compra). O estilo de vida é uma importante diretriz para selecionar o segmento-alvo de sua marca. Se as pesquisas indicam que você deve vender a marca para consumidores que prezam a moda contemporânea, este deve ser o segmento escolhido. Mas sempre tome decisões com base em pesquisas. Ao se basear somente na intuição e experiência de mercado, você pode incorrer num tremendo risco de tempo e dinheiro.

Após selecionar o valor, sua tarefa será fornecer o valor. Como? Fazendo a gestão dos outros três "Ps" do Composto de Marketing: Produto, Preço, Ponto (ou Praça).

1. Produto
Analise as inspirações e tema da coleção e discuta com seu pessoal de estilo/design; pesquise a modelagem, estampas, cortes, detalhes etc.

e lembre-se: inspirações e tema precisam estar em sintonia com o perfil do público-alvo e do valor selecionado.

2. Preço

Qual a faixa de preço que comunicará o valor selecionado? Está de acordo com o perfil do público-alvo? Como os concorrentes trabalham com preço? Não se esqueça: deixe margens para as liquidações.

3. Ponto

Em que PDVs? Todas as praças do país? Qual a posição no PDV? Como treinar os vendedores das lojas? Como transmitir à equipe de vendas as inspirações e tema da coleção e valorizar os produtos? Como treinar os vendedores na venda, atendimento e pós-venda?

Essas são algumas das perguntas a que o GPM deverá responder para tomar a próxima decisão: comunicar o valor.

Como destacamos anteriormente, o mercado precisa ser convencido da diferença positiva de sua marca sobre as demais pelas ações da força de vendas, propaganda, promoção de vendas, eventos, marketing direto, e-commerce, PDV etc. É como você usa a combinação desses elementos que o mercado vai perceber, para mais ou para menos, o valor que você quer oferecer.

Antes de decidir, considere o perfil de comportamento de compra do público-alvo, com relação aos hábitos de mídia.

Shimp (2002) lembra que é preciso ter em mente as três leis da comunicação de marketing:
- desenvolver para o público-alvo selecionado;
- criar para atingir um objetivo específico, claro e compreensível; e
- limitar às restrições de orçamento.

A maioria das decisões de comunicação é feita pela própria diretoria (em alguns casos, o próprio estilista), em vez de serem desenvolvidas por agências de comunicação, como já é comum em alguns mercados, como o financeiro, automobilístico, produtos de consumo etc.

Decisões sobre modelos, fotógrafos, cenários, clima a ser criado, veículos em que serão expostos os anúncios normalmente são decisões concentradas nas empresas. Por que razão?

- O estilista é um profissional criativo por natureza e chama para si o desenvolvimento da comunicação de suas criações; ele acredita ser o único a saber transmitir para a mídia o valor do que cria.

- As inspirações da coleção são de domínio do estilista (diretor). Há a percepção de que há menor controle do que é criado/produzido se for realizado externamente.

- Os custos altos das agências para criar, produzir e veicular – "por que pagar comissão para terceiros?".

- A falta de prática de transmitir a terceiros o que pretende com a comunicação, portanto, é melhor fazer e participar diretamente que fornecer briefing para as agências.

Hoje, esses aspectos são denominados táticos. O desafio atual é compreender que as decisões de comunicação se iniciam com a decisão estratégica do posicionamento da marca, ou seja, privilegiar o valor da marca, antes mesmo desses aspectos táticos.

Às vezes, o GPM tem que criar, produzir e decidir sobre as formas de veiculação dos produtos/serviços e PDVs, deve acompanhar a produção de fotos, filmes; outras vezes, precisa dar andamento ao que o diretor/estilista decidir fazer em relação aos anúncios, desfiles, produções de moda em revistas etc. Mas essas atividades não são propriamente do GPM, o que pode gerar conflitos do profissional com a direção da empresa.

Cada marca tem seus próprios desafios de posicionamento e valor, mas também tem que decidir sobre os canais de comunicação. Como GPM, você deve analisar e eleger veículos mais interessantes à marca, quanto ao poder de comunicação e persuasão, considerando também os custos envolvidos.

CANAIS DE COMUNICAÇÃO

TV ou rádio? Revistas ou PDV? Assessoria de imprensa ou eventos promocionais? Para tomar a melhor decisão, tenha em mente a atitude. Cada veículo busca atingir de maneira mais positiva os consumidores de moda, mediante o conhecimento de suas atitudes.

Atitude, na concepção de Shimp (2002, p. 146), são "[...] construções hipotéticas" que "não podem ser vistas, tocadas, ouvidas ou cheiradas".

Para o GPM, atitude significa um sentimento duradouro (positivo ou negativo) ou um julgamento avaliador em relação a uma pessoa, um objeto ou um assunto. Há três características fundamentais que não podem ser esquecidas: as atitudes são aprendidas, são relativamente duradouras e influenciam o comportamento, destaca Shimp (2002).

Assim, depende das atitudes dos consumidores-alvo a influência de cada veículo e, mais ainda, de cada marca – por exemplo, entre as revistas dirigidas a um público determinado, umas influenciam mais que outras.

Mídias

Pela importância que têm em nossa sociedade, as mídias são alvo de leis e regulamentações das autoridades nacionais, estaduais e municipais e, às vezes, do próprio mercado, como o Conselho Nacional de Autorregulamentação Publicitária (Conar). Shimp (2002) destaca as características de cada uma delas.

Televisão

Pontos fortes: demonstrar um produto em uso por meio da visão e audição conjuntamente. Envolve o público desejado com mais dramaticidade que qualquer outro veículo; tem a capacidade combinada de fornecer diversão e gerar emoções; atinge os consumidores um a um; pode usar o humor como estratégia; dá grande apoio às equipes de vendas e ao comércio, que vende melhor quando o produto é anunciado nesse veículo; e tem alta capacidade de gerar impacto, mais que qualquer outra mídia.

Limitações: a maior delas é o alto custo de veiculação e seu aumento constante; há também a erosão da audiência que troca a TV por vídeos, computadores, smartphones e games; o fracionamento da audiência, que tem à disposição muitos programas de audiência segmentada; o uso do controle remoto para zappings durante os comerciais; e a confusão entre o que é comercial e o que são anúncios de utilidade pública, anúncios das próprias emissoras.

Rádio
Pontos fortes: atinge um público segmentado, pela grande variedade de programas e emissoras; tem capacidade de alcançar os clientes potenciais em nível pessoal e íntimo; é um veículo econômico, ou seja, o CPM (custo por mil pessoas atingidas) é baixo; tem prazos curtos de produção; transfere imagens e sons das campanhas de TV; e tira proveito das personalidades locais, pela flexibilidade e custos de produção.

Limitações: confusão por muitos comerciais e sons diversos; ouvintes de rádio em carros mudam com muita frequência de estação por excesso de comerciais; única mídia que não gera visualização do produto; muitas vezes não é a única mídia, mas apoio a outras; apresenta audiência muito fracionada, uma vez que cada estação tem seu público-alvo mais ou menos fiel; dificuldade de comprar tempo, no caso de anunciantes nacionais, pelo número de estações e custos não padronizados.

Revistas
Pontos fortes: a seletividade de leitores é o ponto mais importante das revistas, apesar de algumas terem altas tiragens, atingindo públicos diversos; a vida longa é outro aspecto importante, pois as revistas ficam em casa, salões, sendo lidas com frequência, mais de uma vez; a qualidade de impressão/reprodução faz com que as mensagens tenham sempre o melhor poder de comunicação; fornecem informações detalhadas de produtos e isso, somado à qualidade do conteúdo editorial, quase sempre é transferido para os produtos/serviços; transmitem um sentido de autoridade para os leitores; e têm a capacidade criativa de fazer os consumidores e leitores envolverem-se nos anúncios e de incentivá-los a pensar sobre as marcas anunciadas.

Limitações: a comunicação não é invasiva, ou seja, os leitores controlam o que querem ler/ver; necessitam de antecedência para inclusões de anúncios ou em mercados específicos, isso em razão de prazos de fechamento muito antecipados; os anúncios precisam ser entregues com bastante antecedência; são prejudicados pelo fato de os anúncios estarem inseridos no meio de um artigo, que muitas vezes faz com que o leitor ignore o anúncio para não perder a sequência da leitura; oferecem menos opções que as demais mídias para segmentar os mercados geográficos; e apresentam variação nos modelos de circulação.

Jornais

Pontos fortes: os anúncios estão perto das notícias, o que confere credibilidade para o leitor, ou seja, os anúncios também podem ser interpretados como notícias; têm grande cobertura de público de massa, alcançando todas as camadas; a flexibilidade de abranger mercados nacionais, regionais e locais, seja nas próprias páginas, seja nos encartes; permite uso de textos detalhados com informações minuciosas sobre produtos e serviços; oportunidade de tempo é outra vantagem: coloca-se um anúncio que será veiculado no dia seguinte, e quaisquer alterações podem ser feitas de um dia para outro.

Limitações: a quantidade de anúncios em poucas páginas, competindo com as notícias e, ambos, disputando a atenção do leitor que tem pouco tempo, gera confusão; são pouco seletivos, tendo dificuldades de alcançar segmentos de púbicos específicos (isso pode ser contornado pela criação de encartes específicos de esportes, economia, informática etc.); a qualidade de impressão deixa a desejar e prejudica a comunicação de atributos, como beleza e elegância dos produtos; a compra de espaço implica a necessidade de o anunciante fazer contato com os diversos jornais um a um para inserir seus anúncios regionais ou locais; a mudança de perfil dos leitores ameaça a eficácia dos jornais, pois cada vez menos jovens se interessam por sua leitura, preferindo outros meios de lazer ou informação, como a internet.

Propaganda externa

Estão aqui englobados os anúncios de cartazes (outdoors), propaganda em ônibus, metrôs, letreiros luminosos, adesivos em táxis, publicidade aérea, camisetas e uniformes promocionais, pinturas em prédios.

Há, nas cidades, tendência a restringir a comunicação por meio de cartazes, visto que poluem visualmente a cidade. É preciso conhecer as leis para comunicação externa que regem os municípios nos quais há interesse em comunicar.

Pontos fortes: amplo alcance e altos níveis de frequência são os pontos-chave dessa mídia, pois alcança todos os níveis da população local; têm alta flexibilização geográfica para ser exibida onde for escolhida; é o mais baixo CPM entre todas as mídias; permite identificação do produto em tamanhos maiores; e atinge os consumidores como um último lembrete antes da compra.

Limitações: falta de seletividade dos consumidores expostos aos anúncios; pouco tempo de exposição que os consumidores têm para com os anúncios, pois eles estão em trânsito e mal conseguem ler a peça toda; dificuldade em medir o público da comunicação externa; e, atualmente, como é considerada poluição visual, recebe atenção de autoridades e urbanistas para sua eliminação.

O Clique

Um fator que faz muita diferença em moda é o clique do fotógrafo. As marcas, estilistas, modelos, revistas sempre tiveram nos fotógrafos um fator de diferenciação e destaque. É comum as marcas abrirem mão de agências de comunicação e confiarem a fotógrafos consagrados ou em ascensão o clique de suas coleções.

Quer seja uma foto para um simples folheto, quer seja para ensaios, books, pôsteres, anúncios, o clique deve ser parte da sua marca. O grande público ignora a maioria dos nomes famosos, mas o mercado e a imprensa especializada estão atentos aos fotógrafos, e isso é notícia e favorece a marca.

Um fotógrafo de moda sabe tirar dos modelos ângulos, expressões, cenários, iluminação e os melhores resultados visuais que podem valorizar os produtos e as marcas, tornando-os diferentes dos concorrentes.

Esse profissional não se limita a seguir o briefing dado pelo estilista ou pela agência de comunicação – cria, opina, sugere, inova, pois sabe como explorar os recursos visuais, emocionais e o impacto advindos dos modelos e cenários. É o talento de ver o que a lente só revela para ele.

Você já deve ter assistido a filmes e novelas em que os fotógrafos gastavam rolos e rolos de filmes buscando o melhor resultado visual para um trabalho de moda. Hoje, com a tecnologia digital não é diferente, com exceção dos rolos que não existem nessa modalidade.

Atenção especial à mídia digital e, principalmente, às redes sociais. Há anunciantes que investem boa parte de seu orçamento nelas; outros fazem uso delas porque querem acompanhar a tendência do mercado, mas não as priorizam. O importante ao se investir em redes sociais é respeitar suas características e o uso do mercado e dos clientes. Há necessidade de se contratar pessoas e processos para aproveitá-las em seu potencial máximo. Portanto, não invista em redes sociais só porque é uma tendência e os clientes passam muito tempo nelas – acompanhe resultados, faça alterações, discuta!

É importante ressaltar que, no processo de gestão da comunicação em moda, há dois extremos, ambos ligados à disponibilidade financeira e à cultura da empresa: de um lado, uma estrutura completa com agências de propaganda, de promoção, de ações *under the line*, estúdios de design, assessoria de imprensa e RP; e de outro, uma empresa onde o estilista fotografa, desenvolve o anúncio, cria um texto e conversa diretamente com as mídias (seja pela escassez de recursos financeiros, seja porque deseja economizar e não pagar comissões). Nessas fronteiras há um sem-número de opções, e, é com base em sua vivência, que Karol Sapiro* esclarece sobre as atividades do GPM na comunicação da marca:

> As maiores responsabilidades e desafios de um GPM na comunicação da marca são:
> • Entender a estratégia da marca, seu posicionamento, sua saúde, a composição de seu *share* e seu papel no portfólio das marcas.
> • Compreender a relação do consumidor com a marca e as marcas concorrentes.
> • Entender a comunicação integrada, da propaganda ao *shopper marketing*.

- Gerenciar a agência para conseguir o melhor trabalho criativo, orientar e motivar a agência e ter integridade intelectual: saber ouvir, pensar e responder com os argumentos adequados no momento certo. Isso vale para qualquer situação, desde o relacionamento com a agência até o trato com o "Olimpo" – a diretoria da empresa – passando por todos os escalões.
- Gerir as pessoas para conseguir o seu *buy in* – dos subordinados ao chefe do chefe.
- Administrar detalhes: da estratégia à execução; do processo de trabalho à entrega final da campanha de comunicação.

Quero ainda ressaltar dois pontos: (i) não basta conhecer, é preciso entender, pensar estrategicamente; e (ii) as pessoas são a estratégia, portanto, é preciso ser hábil e se relacionar com todos dentro da empresa, pensar como um time.

É importante também inovar, é preciso ter mais coragem. Os executivos, de modo geral, são completamente avessos ao risco. São prisioneiros de suas próprias opiniões (ou de seus chefes). "Vivo a minha zona de tranquilidade e mediocridade". Esse é o mantra. Ninguém foi despedido por discordar da diretoria. Já pela ousadia...

Na verdade, não espero muita inovação do marketing. Estão mais para burocratas do que criadores. São os capatazes da inovação. Alguns inovam e o marketing e suas agências comunicam seguindo o líder do momento. Fica tudo muito igual. Basta por o dedão sobre, por exemplo, um anúncio e ninguém será capaz de reconhecer a marca.

A formação e atitudes recomendadas ao GPM dependem de seu papel e responsabilidades. Se for para gerenciar a marca como um todo, o seu conjunto de habilidades deverá ser imenso. E o GPM deverá construir esse conjunto.

> Quem pode ajudar na formação e nas atitudes?
> No primeiro caso, o principal responsável será o próprio gerente. Ficar antenado é observar com inteligência o que está à sua volta e os fatores que determinam a realidade que vivenciamos. Tudo! Todas as manifestações culturais, sociais, de entretenimento e econômicas. O que pode ser inferido ou usado no futuro. Conhecer a história e a história da arte é fundamental! As faculdades, as empresas e os seus supervisores imediatos fornecerão os conceitos e a prática necessária para formar o lado gerencial. Os dois últimos deverão usar, com inteligência, a moeda mais escassa de qualquer pessoa em qualquer organização: o tempo. Tempo para enriquecer o conhecimento do GPM. **"**

* Karol Sapiro é Executiva com experiência junto a anunciantes e agências de comunicação nacionais e internacionais.

Observe também o que nos diz Lilica Cesar de Mattos** sobre o trabalho da assessoria de imprensa e os cuidados para gerar uma boa pauta:

> **"** A assessoria de imprensa age de forma diferente de uma agência de publicidade, trabalhando basicamente com editorias e não matérias pagas. Geralmente, sugere notícias de seus clientes aos jornalistas dos jornais, revistas e sites, além de programas de TV e rádio, sempre de um ponto de vista original, que suscite o interesse na divulgação. Vale ressaltar também a importância de se divulgar notícias reais, jamais mentir ou camuflar, jamais dizer meias verdades. Caso não haja nada que à primeira vista desperte interesse, o assessor de imprensa vai pensar em algo dentro da empresa que possa gerar notícia. Às vezes, um ponto qualquer, como a adoção

de medidas sustentáveis de produção pode gerar uma sugestão de pauta voltada para as colunas de sustentabilidade. Cabe ao assessor descobrir e divulgar esse tipo de nota.

É importante observar que o assessor de imprensa não tem como garantir que a sugestão de pauta seja divulgada, pois antes de ser publicada a matéria passa por vários profissionais. Por isso é tão importante sugerir pautas de grande interesse e relevância. Lógico que influi muito o bom relacionamento da assessoria com os veículos e os editores ou produtores.

Quanto aos clientes, a assessoria sempre os orienta quanto ao tratamento dado aos jornalistas em entrevistas: jamais mentir, não "enrolá-los", jamais prometer presentes caso a matéria seja publicada; jamais pedir ou exigir ler a matéria antes da publicação. Tratar todos com cordialidade e atenção, não fazendo distinção entre a importância dos veículos. Esse é um dos pontos mais difíceis para o cliente entender. 🙺

** Lilica Cesar de Mattos atua na área de Comunicação há 20 anos e está à frente da LCM Assessoria de Imprensa.

NOTA

[1] Em palestra proferida ao Programa de Gestão da Moda da Sociedade Artemoda Estilo e Cultura em São Paulo (2010).

9

GESTÃO DOS PRODUTOS NO PONTO DE VENDA

Há dois aspectos a considerar nas decisões do ponto de venda (PDV). Primeiramente, a confecção ocupa-se do PDV como uma operação à parte, como um complemento da ação de marketing – o PDV é a loja exclusiva da marca, franqueado ou multimarcas (pelo poder de distribuição nacional e internacional, é importante considerar também a loja de atacado). Contudo, o PDV pode ser tratado como a operação principal e a confecção, o complemento, ou seja, a confecção atua como fornecedor. Assim, as decisões do GPM são centradas no PDV, geralmente, marca própria ou operação de varejo.

Temos observado um desconhecimento grande por parte da indústria da moda acerca das regras nos negócios de varejo.

Com a crescente competitividade, lançamentos de novas marcas, mudanças nos formatos varejistas e nos modos de comerciar propriamente dito (atacados regionais ou nacionais, hipermercados, sacoleiras, internet, blogs, fast-fashion, importação etc.), os cenários de marketing do PDV estão em constante transformação.

Sendo assim, como entender a gestão do produto para uma empresa (ou cadeia de empresas) sobre a(s) qual(is) você não tem nenhuma autoridade, apenas influência?

Inicialmente, vamos compreender melhor o conceito de gestão de varejo que, de acordo com Levy e Weitz (2000, p. 34), "[...] é uma orientação de gerenciamento que faz o varejista enfocar a determinação das necessidades de seus mercados-alvo e a satisfação dessas necessidades mais eficaz e eficientemente que seus concorrentes".

A gestão de varejo depende de como é desenvolvido o composto de varejo. Assim como o composto de marketing, o composto de varejo é fundamental para se entender o negócio no PDV. Levy e Weitz (2000, p. 39) destacam que o composto de varejo "[...] é a combinação de fatores que os varejistas usam para atender as necessidades dos clientes e influenciar suas decisões de compra".

Explicando melhor:

- Combinação de fatores: todos os aspectos de uma loja que precisam ser conciliados, ou seja, têm que falar a mesma língua de comunicação, incluindo fatores como preço, crédito e financiamento.

- Atender as necessidades de seus clientes: ir ao encontro de seus clientes em suas necessidades, desejos, expectativas – por cliente entenda o público-alvo que a loja almeja. A empresa precisa entender o perfil de compra de seus clientes, o público-alvo e lembre-se: se o consumidor que entra na loja não tem o perfil de seu público-alvo é porque quer ser como ele.

- Influenciar as decisões de compras: tanto o empresário quanto o profissional de atendimento (vendedor, balconista, gerente, consultor etc.) devem influenciar a compra do cliente; se o cliente sair da loja sem comprar, o profissional não terá influenciado sua decisão de compra, ou seja, há o risco de o cliente comprar no concorrente.

COMPOSTO DE VAREJO

Levy e Weitz (2000, p. 39) afirmam que o composto de varejo são "[...] tipos de mercadorias (variedade e sortimento) e serviços oferecidos, preços das mercadorias, publicidade e programas promocionais, assistência aos consumidores fornecida pelos vendedores e a conveniência de localização das lojas". Todos esses elementos dizem respeito ao formato da loja, e é este que define que produtos cada loja abrigará.

Cada loja tem clientes de acordo com seu formato. Assim, uma loja da marca XXX localizada num shopping center, no centro da cidade, tem um mix de produtos, atendimento, vendedores, promoções especialmente desenvolvidos para esse PDV e diferentes de outra loja da marca – isso também é válido para cidades distintas. Ou seja, a mesma coleção da marca XXX é tratada diferentemente em cada PDV.

Cuidado! Você tem que entender em qual composto de varejo sua marca deseja estar. Por isso, é necessário saber qual o perfil de compra de moda de seus clientes e, igualmente, do público que pretende conquistar. Sua marca não pode estar presente num PDV em desacordo com o perfil de seus clientes. Em lojas multimarcas esse risco é grande! Administre o mix de produtos, promoção, preço e logística a ser oferecido pelo "varejo sem lojas" que sua empresa pretende alcançar. Entenda como funciona o varejo sem lojas (site, telemarketing, e-commerce, catálogos, reembolso postal), isto é, onde a venda não é feita com a presença de vendedor. No caso do e-commerce, considere como loja o monitor do computador, portanto, o site precisa ter formato e interatividade compatíveis com o público-alvo e a mídia, no caso, a internet.

As funções do GPM no varejo assemelham-se às desse profissional na confecção. As operações de uma confecção são muito específicas, assim como as de varejo. Como você já sabe, negociar, decidir, planejar, ser informado do seu mercado são atividades que pertencem ao DNA de um GPM, são atividades intrínsecas à essência da função. Contudo, as operações de varejo têm particularidades e envolvem outras responsabilidades inerentes à operação de varejo.

Se o capital de uma confecção são as instalações e máquinas (ainda que terceirizadas), o capital do varejo é o estoque. As funções do GPM, portanto, direcionam-se à rentabilidade do estoque: valor de compra, velocidade do giro, valor final, preço médio etc. O retorno do capital para um acionista de varejo é a qualidade da gestão do estoque.

As empresas que já operam com o modelo de GPM adotam uma série de ações, procedimentos, controles que envolvem a participação de um Gerente de Produtos (GP). Aquelas que ainda não adotaram o modelo precisam considerar que a contratação de um GPM alterará muitos processos, até então, nem sequer considerados.

O GPM EM VAREJO

Funções do GPM

Para Diego Thurmann,[1] as funções do GPM em varejo são: planejar, desenvolver, negociar e gerenciar.

Planejar

- Elaboração dos principais indicadores (os indicadores mostram quais são as expectativas de lucratividade da operação; o conjunto deles indica se a realidade está de acordo com as expectativas e, dependendo das discrepâncias, são tomadas medidas urgentes para correções); metas de faturamento em valor e peças, preço médio, cobertura de estoques, giro, margens, desempenho do gerente, do visual merchandiser e de cada vendedor.
- Gestão do OTB (*open to buy*); relatórios de compras.
- Planos de sortimento da coleção: conceito de variedade e profundidade, equilíbrio entre os segmentos, quantidade de modelos por fornecedor, tipo de produto por fornecedor (perfil).
- Planos de fornecimento: análise da estrutura de fornecimento e principais apostas em volume, valor e retorno.
- Planejamento da estrutura de preços da categoria.
- Calendário promocional e de eventos.

Desenvolver

- Hoje, o desenvolvimento de produtos ganha mais especialização e apoio de áreas de pesquisa – de produto industrial e marketing.
- O GPM precisa ter conhecimento de moda e tendências, conhecer o perfil do cliente, das lojas, acompanhar os movimentos de *upgrade* e *downgrade* do mercado.
- Deve lidar com números e planejamento.
- Precisa saber "fazer acontecer" o desenvolvimento nas fábricas e influenciar o fornecedor.
- Ser persuasivo!

Negociar

- A negociação é uma constante na função do GPM. Importante lembrar que toda negociação começa com um "NÃO"; quando há aceitação inicial, o acordo está encaminhado.
- O negociador não precisa ser simpático. No varejo, é a pessoa que dará as más notícias quando necessário, é quem vai pressionar o preço e exigir melhores produtos e condições de entrega.
- O tempo precisa ser usado a seu favor, a pressão do tempo faz perder dinheiro.
- O bom negociador influencia o mercado a favor do seu negócio e pode mudar sua realidade, criar novas situações. O GPM é um realizador inconformado.

Gerenciar

- Para que os planos aconteçam ou sejam adaptados às novas realidades.
- A carteira de pedidos para que estes entrem no prazo e condições estipulados – esta função trata de relacionamento com fornecedores.
- O produto em loja: equilíbrio de estoques, reposição e adequação às necessidades de mercado.
- Os indicadores do negócio – cada empresa tem os seus indicadores.

O Dia a Dia do GPM

- Requer integração com outras áreas – isso implica negociar, negociar e negociar.
- Glamour *versus* empenho.
- Atenção aos movimentos do mercado – no varejo, fornecimento, comportamento do consumidor, na resposta dos números.
- Visita às lojas, à concorrência, ao mercado fornecedor.
- Planejamento, gerenciamento do negócio e negociação com fornecedores.

Vale destacar que o cargo está em constante transformação e passa nesse momento por uma especialização das funções – gestão *versus* produto; gestão (planejamento, negociação, sourcing de fornecedores e gestão do produto); produto (coleta tendências, apresenta propostas de coleção e desenvolve produtos); e diferentes perfis profissionais.

Cadeia de Fornecimento

O sourcing é a gestão do fornecimento, isto é, o conhecimento necessário do mercado fornecedor que permite influenciar o desenvolvimento de produtos da matéria-prima ao produto final. Contempla identificar o perfil de cada fornecedor e sua especialização, podendo, dessa forma, potencializar o desenvolvimento do produto naquilo que o fornecedor domina melhor. A gestão do fornecimento implica planejamento de volumes por produtor, negociação, conhecimento das opções de fornecedores para ter a necessária flexibilidade e não criar dependência de uma fonte.

Tendências

- Maior especialização da função, segmentando-se em gestão de produtos e desenvolvimento.

- A função do GPM pode ser desempenhada em Compras, pelas necessidades de planejar estoque, desenvolver produtos com fornecedores e lucratividade da linha.

- O varejista está menos intuitivo e procura aplicar mais metodologia e embasar-se numericamente suas decisões (compra planejada).

- A marca industrial abre novos espaços no varejo com lojas de suas marcas (a marca no varejo se relaciona com o cliente).

- Concentração da compra em menos fornecedores.

- Gestão do fornecedor *versus* compra oportunista.

- Influência do GPM na cadeia de fornecimento.

- Visual Merchandising: é o que queremos ver no PDV – ganha importância desde o planejamento de compras até a concepção da coleção.

- Mecanismos de reposição automática.

- Maior estruturação das equipes de produtos e varejo direcionando o mercado industrial de moda.

Assim, a função de GPM em varejo está focada cada vez mais na montagem de coleções e na maneira como estas ficarão expostas e coordenadas no PDV.

É importante lembrar que há anos se pensava no produto a ser colocado nas lojas. Hoje, de modo inverso, essa atenção é direcionada ao PDV, na forma como será exposta a coleção nas lojas e, a partir daí, é feita a montagem da coleção adequando-a ao perfil do consumidor as tendências de moda (temática) e visual merchandising do PDV. Ou seja, é como o consumidor final vai ver a coleção na loja.

Finalmente, ressaltamos a segmentação crescente na função de GPM, seja com especialização e direcionamento para a identificação das tendências de moda e temáticas, seja com foco na gestão de fornecedores e no desenvolvimento de produtos e indicadores, ou como especialista em apoio no planejamento. Como exemplo dessa segmentação podemos citar as empresas que importam que contam com pessoas especializadas na gestão da importação.

Daqui em diante, trataremos do PDV propriamente dito. Não é nossa intenção abordar os aspectos operacionais de uma loja, mas apresentar um modelo que o convida a considerar o comportamento de compra do cliente, ou seja, num mesmo local o cliente precisa ter conhecimento de todo o ciclo da moda, desde a tendência até a liquidação dos produtos. Em outras palavras, o que a moda foi e será. O cliente precisa desses parâmetros de comportamento para criar fidelidade ao PDV.

PROCESSO DE ADOÇÃO DE INOVAÇÕES

Lembra do modelo do Processo de Adoção de Inovações que vimos quando estudamos o comportamento do consumidor de moda?

Esse modelo aplicado à loja favorece a gestão do mix de produtos ofertados, tendo como objetivo o equilíbrio entre variedade e sortimento do estoque.

- Variedade: número de categorias de mercadorias diferentes oferecidas por um varejista.
- Sortimento: número de itens diferentes numa categoria de mercadoria. Cada item diferente de mercadoria é chamado de unidade de manutenção de estoque (SKU). Por exemplo, camisa masculina polo, de manga curta, tamanho G, cor azul com listras brancas é um SKU.

As lojas de departamentos oferecem variedades de categorias: moda masculina, moda feminina, moda infantil, moda praia, moda íntima, entre outras. Cada uma dessas categorias precisa oferecer um sortimento de opções: P, M, G, EG, e cores variadas, com respectivos SKUs.

Uma loja especializada em camisas tem uma pequena variedade, mas precisa oferecer um grande sortimento, uma vez que os clientes valorizam as diferentes opções.

Assim, é a gestão dos SKUs de uma loja que determina se o foco é variedade ou sortimento. Isso se relaciona diretamente com o comportamento que a loja quer fidelizar.

A moda é um setor que, por natureza, apresenta inúmeras inovações ao longo de um ano: coleções de verão, alto verão, outono/inverno, fast-fashion. Certamente, cada coleção também atinge o cliente de maneiras distintas.

Há quem goste de novidade, de ser o primeiro a estrear uma roupa da nova coleção, de ir a um evento vestindo a roupa nova, de ser notado por aceitar a novidade da tendência, ou um personagem de novela que tem o perfil ousado no vestir; são os inovadores e, também, os formadores de opinião (cerca de 2,5% do total de seus clientes). A loja precisa expor os modelos da nova coleção para ser percebida como quem acompanha as tendências da moda e está alerta para as novidades. Ainda que essas vendas não sejam significativas, o cliente terá na loja um ponto de referência para o que vai querer ou poder comprar e usar.

Há os que são sensíveis aos lançamentos da estação que está chegando, já viram na TV ou na revista em que acompanham os eventos sociais; um artista ou modelo usando tal roupa e já adotam o look. São sempre os primeiros a incorporar a inovação, ou a tendência da moda, ou mesmo um lançamento com assinatura de alguém famoso. São os adotantes iniciais, que representam 13,5% do total de clientes de sua loja. Perceba que já é maior o número de clientes a comprar os lançamentos da estação.

A estação está no início, a coleção está nas vitrinas dos shopping centers, o atacado de moda está empenhado em atender os clientes em todo o país e os consumidores se encorajam e adotam a novidade, pois está na moda (não se trata de conservadores pois estes não mudam seu comportamento). É a maioria inicial, e os clientes desse segmento já representam um número expressivo de pessoas que compram e usam com confiança as novas propostas: 34%. O que é mostrado nas novelas ou revistas vira febre de consumo.

A estação está no meio para o fim, a coleção segue seu rumo, não há lançamentos novos (dependendo do consumo, podem ocorrer as coleções temáticas de fast-fashion para movimentar o mercado), os preços já estão estáveis ou uma ou outra loja começa a liquidação, o que provoca liquidações em geral, e aqueles clientes que não compraram os produtos por diversos motivos, mas ainda desejam estar na moda, se encorajam e passam a aderir àquela coleção da qual sempre quis ter uma ou outra peça. São conhecidos por maioria tardia e representam a grande fatia de 34%. Aqui é o momento dos lucros, uma vez que não há necessidade de grandes investimentos em comunicação, apenas o de lembrar que sua loja tem o que ainda está na moda. Esse segmento se acha consciente de que não é consumista, espera até ter certeza do que estará na moda por um preço menor, faz um esforço psicológico para não comprar o que está na moda, mas raciocina em termos de custo-benefício econômico. Chega a reprimir os anseios de estar na moda.

A estação já está no fim, a coleção já não é fabricada, os estoques precisam sair da loja para desocupar espaço para os novos lançamentos, mas... há ainda pessoas que desejam usar – para não ficarem defasadas – ou precisam repor seu estoque e compram o que existe. São os retardatários que esperam as liquidações por perceberem que podem comprar a moda atual pagando muito menos e representam 13,5% dos clientes. Por fim, os acomodados representam 2,5% do total de clientes.

Perceba que tanto os inovadores e formadores de opinião quanto os retardatários e acomodados representam não apenas um mercado quantitativo, mas também qualitativo. Os formadores de opinião transmitem ao mercado que sua loja acompanha a tendência, e isso é ponto de referência para os demais clientes; é um convite para que vejam o que está chegando e o que sua loja tem. Os retardatários precisam de sua loja para se sentir inseridos no cenário da moda. Ainda que demorem a agir, por diversos motivos, sabem que sua loja ainda tem modelos da coleção e que eles estão na moda. Mais do que oferecer produtos é importante criar a fidelidade de seus clientes. Os retardatários também contribuem para a redução daquele estoque que tem o alto risco de não rodar e ajudam no fluxo de caixa.

Por fim, sinalize aos clientes os benefícios de sua loja. E, se sua loja ainda não faz uso do modelo de Processo de Adoção de Inovações, observe algumas as grandes redes de lojas de vestuário e veja como elas fazem.

GERENCIAMENTO DE CATEGORIA

Para uma loja que oferece variedade e sortimento de produtos – e até serviços complementares –, há um instrumento de gestão que tem apresentado significativas melhorias nos resultados finais. Trata-se do gerenciamento de categoria.

A finalidade principal de se gerenciar as diversas categorias de produtos de uma loja é ir ao encontro do cliente – lembre-se: seu alvo é o cliente, o qual você deve conhecer cada vez mais. É o cliente que trará o lucro necessário ao capital investido, seja numa coleção, seja no composto de varejo estruturado para melhor atender esse cliente.

O gerenciamento de categoria é um conjunto de ações – marketing, merchandising, precificação, abastecimento, layout de loja, gestão de estoque, treinamento gerencial de pessoas, entre outras – que tem como foco o cliente, tendo em vista obter deste uma resposta eficiente para a melhor gestão do negócio.

Há uma técnica já consagrada em diversos países e em vários segmentos de mercado, que aos poucos começa a ser utilizada no Brasil e, ainda mais recentemente, no mercado de moda. Trata-se da *Efficient Consumer Response* (ECR), amplamente utilizada nas redes de supermercados e lojas de departamentos, e que tem despertado interesse crescente nas redes de lojas ou mesmo nas lojas individuais, que oferecem variedade e sortimento de produtos, na medida em que representa uma solução para a maior rentabilidade do negócio.

ECR é um movimento global, no qual empresas industriais e comerciais, em conjunto com a cadeia de abastecimento (operadores logísticos, bancos, fabricantes de equipamentos e veículos, empresas de informática etc.) operam juntos tendo por objetivo padrões comuns e processos eficientes que possam minimizar os custos e otimizar a produtividade em suas relações, esclarece a associação ECR Brasil.[2]

Ainda de acordo com essa associação, as reduções de custos, considerando a eliminação das ineficiências, podem alcançar em média de 6% a 10% do volume total de negócios da cadeia de abastecimento, número que reflete os ganhos das empresas participantes do processo que frequentemente é incorporado ao resultado líquido das operações.

Alguns testes realizados em indústrias e supermercados no Brasil, revelaram:

- a redução de estoques de 25 para 15 dias e a diminuição de faltas de produtos de 15% para 4%;
- a aplicação da troca eletrônica de dados (EDI) diminuiu o número de visitas, erros e tempo de espera e conferência; e
- com a utilização das entregas pré-agendadas entre indústria e varejo, foi possível reduzir o tempo de carregamento em 69% e aumentar a produtividade palete/homem/hora em 80%.

A figura a seguir traduz essas mudanças antes e depois do uso da EDI.

	Antes (normal)	Depois (com EDI)
Visitas Vendedor-Cliente	7 dias	14 dias
Pedidos com erros	0,08	0
Espera para descarga	52 min	12 min
Tempo de conferência	18 min	6 min

Figura 9.1: Comparativo de Mudanças Antes e Depois do Uso da EDI
Fonte: ECR Brasil.[3]

Além da padronização, automação e redução de custos, é importante considerar que esse processo possibilita reduzir estoques e prazos, fundamental para a lucratividade do varejo, como também o adequado aproveitamento do espaço de estoque dos produtos, lembrando que a gestão de estoque acarreta menores índices de falta de produtos e, por conseguinte, melhor margem de preços.

Vale lembrar que o varejo assume a cada dia maior relevância em todo o processo da cadeia têxtil.

Cerca de 20 anos atrás, era a indústria (fiação, tecelagem e confecção) quem ditava os padrões das tendências de moda. O varejo era mais um agente de vendas da indústria. O vendedor (ou representante) dizia o que venderia – o varejista comprava para estoque e, assim, as vendas passavam a ser um problema dele. Se girasse, ótimo; se não girasse, ele promovia uma liquidação para fazer caixa e se preparava para comprar a nova coleção.

Hoje, o varejo expande-se respaldado em tecnologia de informação, gestão, pesquisa de tendências, processos logísticos, porque vai ao encontro da satisfação de seu cliente, ou seja, o atacado e varejo são mais agentes de compras de seus clientes e determinam – e, por vezes, até impõem – o que querem receber da indústria e o que esta tem de produzir.

A seguir, veja as considerações de Cláudio Pessanha* para a função de GPM no varejo.

> Ter uma grande percepção do mercado é fundamental para a função de GPM. O comportamento de uso e os momentos de uso do produto pelo consumidor têm definido muito sobre o viés da moda. Atualmente, temos profissionais que passam 48% do tempo em campo e o restante dos dias em escritório em análise de relatórios de vendas. A presença no ponto de venda (lojas) e a percepção da relação portfólio de produto *versus* necessidade das lojas e marca também são imprescindíveis.
> Acredito que futuramente esse profissional sairá diretamente do quadro de varejo. Hoje, o vendedor, gerente e supervisor do varejo são os profissionais que detêm mais informações para definição de estratégias. Quanto aos desafios, o GPM deve sair do campo da acomodação no que diz respeito à tendências, estas não são mais determinantes na construção de marcas, são direções, e não podem ser antagônicas ao conceito da marca.

* Claudio Pessanha é Diretor de Marcas do grupo Inbrands.

NOTAS

[1] Gerente de Produtos de Moda com experiência nas redes de lojas Renner, Leader, bem como em operação de lojas pela Via Uno.

[2] ECR Brasil é uma associação que atua como facilitadora desse processo ou seja, promove e incentiva o uso do gerenciamento de categoria por meio da técnica ECR. Para saber mais, acesse: <http://www.ecrbrasil.com.br>. Acesso em: 19 out. 2015.

[3] Disponível em: <http://www.ecrbrasil.com.br/ecrbrasil/page/saibatudosobreecr.asp>. Acesso em: 20 set. 2015.

10

PLANEJAMENTO DE LUCROS E PERDAS EM MODA

Como Gerente de Produtos de Moda (GPM), você deve apresentar seu plano de marketing completo: objetivos, estratégias e, por fim, um plano de lucros e perdas (L&P) para o produto ou linha de produtos. O L&P assegura a toda a empresa expectativas de desempenho dos produtos e um direcionamento. A qualquer alteração das condições de mercado ou de desempenho de vendas, refaça o L&P!

PLANEJAMENTO DO LUCRO

O professor Fausto Hirata[1] desenvolveu um modelo financeiro para planejar a lucratividade e os riscos de perdas de uma operação empresarial no mercado da moda. É um modelo que pode ser adotado por sua empresa, desde que incorpore as particularidades próprias do seu negócio (ou de seus produtos).

Elaborar o L&P é uma tarefa que será bem-sucedida se o ambiente da empresa oferecer certas condições, como registro de dados passados, trabalho e senso de equipe, lideranças estabelecidas nos vários níveis e áreas, busca e aceitação de inovações por parte das equipes, entre outras exigências. Por que todas essas etapas? Porque o planejamento de L&P exige acompanhamento constante do desempenho dos produtos, das alterações do mercado, da rede de distribuição, dos concorrentes e de sua própria habilidade em fazer acontecer os resultados esperados.

Gerência de Produtos de Moda

Faça revisões periódicas relativas ao previsto *versus* real, analise as causas e busque as medidas corretivas. Esses ajustes sempre devem ser negociados, pois envolvem inúmeras áreas da empresa ao mesmo tempo e com aplicações imediatas.

A seguir, observe que há uma sequência de etapas e cálculos a serem realizados. É possível que, na primeira tentativa do método, o L&P traga dificuldades e incertezas, mas insista na sua aplicação pois rapidamente a empresa compreenderá sua importância e valor.

Projeção de Vendas

Considere que você é responsável pelo desempenho de três produtos da nova coleção. Veja a seguir a simulação da previsão de vendas por quantidades de peças (em unidades/estimativa anual).

Produto	Quantidade
Calça de microfibra (importada da China) masculina	60.000
Camisa social de algodão (100% egípcio)	48.000
Jaqueta de xantungue (importada da China)	36.000

Observe que são produtos bem diferentes, com quantidades distintas e, por conseguinte, estrutura de produção e custos díspares. Muita atenção com isso!

Projeção do Consumo de Matérias-primas (MP)[2] em reais (R$)

Calça Masculina (consumo de MP em R$)
Tecido de microfibra chinesa (1,20 m a R$ 30/m)	36,00
Forro de algodão (0,60 m a R$ 8/m)	4,80
Aviamentos diversos (zíper YKK, botões, linha de algodão, etiquetas)	1,60
Subtotal	**42,40**
Embalagem (saco plástico)	0,05
Calça: custo total estimado (unidade)	**42,45**

Camisa Social (consumo de MP em R$)
Algodão (100% egípcio 1,20 m a R$ 40/m)	48,00
Aviamentos diversos (botões, linha, etiquetas)	0,40
Subtotal	**48,40**
Embalagem (saco plástico)	0,05
Camisa: custo total estimado (unidade)	**48,45**

Jaqueta (consumo de MP em R$)
Xantungue (importado da China 1,50 m a R$ 20/m)	30,00
Aviamentos diversos (zíper YKK, linha e etiquetas)	1,80
Subtotal	**31,80**
Embalagem (saco plástico)	0,05
Jaqueta: custo total estimado (unidade)	**31,85**

Consumo de MPs (em R$)
Calça: 60.000 X 42,45	2.547.000,00
Camisa: 48.000 X 48,45	2.325.600,00
Jaqueta: 36.000 X 31,80	1.146.600,00
Matéria-prima total	**6.019.200,00**

Gerência de Produtos de Moda

Projeção da Mão de Obra Direta (MOD), Mão de Obra Indireta (MOI), Salários de Administração e Salários de Vendas

Projeção da MOD (em R$)

		Mensal	Anual (X 13)
20 costureiras	(850,00/cada)	17.000,00	221.000,00
4 overloquistas	(800,00/cada)	3.200,00	41.600,00
2 cortadeiras	(900,00/cada)	1.800,00	23.400,00
6 ajudantes	(450,00/cada)	2.700,00	35.100,00
Subtotal		**24.700,00**	**321.100,00**
(+) 60% Encargos Sociais		14.820,00	192.660,00
Total MOD		**39.520,00**	**513.760,00**

Projeção da MOI (em R$)

	Mensal	Anual (X 13)
Supervisor geral de produção	2.500,00	32.500,00
3 encarregados de produção (1.500,00/cada)	4.500,00	58.500,00
1 estoquista	1.200,00	15.600,00
1 faxineira	450,00	5.850,00
Subtotal	**8.650,00**	**112.450,00**
(+) 60% Encargos Sociais	5.190,00	67.470,00
Total MOI	**13.840,00**	**179.920,00**

Salários de Administração (em R$)

	Mensal	Anual (X 13)
1 supervisor adm. financeiro	2.500,00	32.500,00
3 auxiliares adm. (1.200,00/cada)	3.600,00	46.800,00
1 office-boy	600,00	7.800,00
1 recepcionista/telefonista	800,00	10.400,00
Subtotal	**7.500,00**	**97.500,00**
(+) 60% Encargos Sociais	4.500,00	58.500,00
Total Administração	**12.000,00**	**156.000,00**

Salários e Comissões de Vendas (em R$)

	Anual (X 13)
1 supervisor de venda	19.500,00
3 vendedores (600,00/cada)	23.400,00
Comissões de vendas 1,5%	235.260,00
(+) 13º sobre comissões[3]	19.605,00
3 auxiliares internos (1.200,00/cada)	46.800,00
Subtotal	**344.565,00**
(+) 60% Encargos Sociais	206.739,00
Total Vendas	**551.304,00**

Projeção de Custos Indiretos de Fabricação (CIF) (em R$)

	Anual
Salários – MOI	179.920,00
Serviços públicos: água, energia, telefone (1.500,00/mês)	18.000,00
Aluguel (3.750,00/mês)	45.000,00
Depreciação dos equipamentos de produção (10% x 200.000,00)[4]	20.000,00
Consumo de materiais diversos (2.500,00/mês)	30.000,00
Lanches (2.500,00/mês)	30.000,00
Manutenção de equipamentos (450,00/mês)	5.400,00
Total CIF	**328.320,00**

Rateio da Mão de Obra Direta (MOD) e dos Custos Indiretos de Fabricação (CIF)

Para determinar o rateio da MOD e do CIF, tome por base o consumo anual de matérias-primas dos produtos.

	R$		%
Calça	2.547.000,00	=	42,31
Camisa	2.325.600,00	=	38,64
Jaqueta	1.146.600,00	=	19,05
Total Rateio MOD e CIF	**6.019.200,00**	=	**100**

Em seguida, aplique os percentuais obtidos por produto à MOD e ao CIF. Os valores apresentados a seguir são anuais e **em reais (R$)**.

	MOD	CIF
Calça	217.372,00	138.912,00
Camisa	198.517,00	126.863,00
Jaqueta	97.871,00	62.545,00
Total	**513.760,00**	**328.320,00**

Cálculo do Custo de Produção dos Produtos em reais (R$), sem os centavos, **Definição do Markup sobre Custo e Preço de Venda ao Lojista**

Cálculo do CPP e Preço de Venda	Calça	Camisa	Jaqueta	TOTAL
Consumo MP (1)	2.547.000	2.325.600	1.146.600	6.019.200
MOD (2)	217.372	198.517	97.871	513.760
Custo Direto (1+2)	2.764.372	2.524.117	1.244.471	6.532.960
+ CIF	138.912	126.863	62.545	328.320
= Custo Total	2.903.284	2.650.980	1.307.016	6.861.280
Unidades Produzidas	60.000	48.000	36.000	144.000
Custo Unitário	48,39	55,20	36,31	
Fator de Markup Custo[5]	2,0	2,5	2,5	
Preço Venda Lojista	97	138	90	

Projeção de Vendas (em R$)

Calça: 60.000 X 97,00	5.820.000,00
Camisa: 48.000 X 138,00	6.624.000,00
Jaqueta: 36.000 X 90,00	3.240.000,00
Total Vendas	**15.684.000,00**

Projeção de Despesas Operacionais (em R$)[6]

	Administração	Vendas
Retirada Pró-Labore	20.000,00	–
Salários e Encargos Sociais	156.000,00	551.304,00
Serviços de Terceiros:		
Contador Externo – 1.500,00/mês	18.000,00	–
Motoboy	15.000,00	–
Fretes de Vendas	–	25.000,00
Combustíveis	–	25.000,00
Lanches e Refeições	6.000,00	15.000,00
Seguros	2.500,00	–
Publicidade	–	25.000,00
Transporte	12.000,00	12.000,00
Despesas Financeiras	650.000,00	–
Total Despesas Operacionais	**879.500,00**	**653.304,00**

Resultado Projetado das Operações (em R$, sem centavos)

Receita Bruta de Vendas	15.684.000
Impostos s/ Vendas (18% ICMS, 3% Cofins, 0,65% PIS)	3.395.586
= Receita Líquida	12.288.414
(–) CPV[7]	6.861.280
= Lucro Bruto	5.427.134
(–) Despesas Operacionais (Vendas = 653.304 - Administrativas e Financeiras = 879.500)	1.532.804
Resultado Operacional antes do IR* e CSSL**	3.894.330
Lucro Líquido Lucro Líquido sobre Receita Líquida	3.536.735 28,78%

*(–) IR =   1,20% X Receita Bruta de Vendas
(–) CSSL = 1,08% X Receita Bruta de Vendas ⎫ **357.595
                  2,28%   Receita Bruta de Vendas ⎭

A apuração de lucro líquido de 28,78% é um bom resultado esperado. Se esse índice crescer, tanto melhor para a empresa e – claro! – para você e sua equipe. Lembre-se: são cálculos de planejamento, uma previsão. Nesses números que originaram os cálculos, todas as áreas foram envolvidas, de maneira que a responsabilidade é compartilhada.

NOTAS

[1] Graduado em Administração de Empresas, pela Escola de Administração de Empresas de São Paulo, da Fundação Getulio Vargas (EAESP-FGV), e pós-graduado em Ciências Contábeis pela Pontifícia Universidade Católica de São Paulo (PUC-SP). Consultor de empresas em Finanças, Custos e Contabilidade. O modelo de L&P aqui apresentado foi disponibilizado por Fausto Hirata aos autores.

[2] Valores e consumo por unidades são aleatórios.

[3] Calculado após projeção de vendas.

[4] Valores aleatórios. Os equipamentos de produção terão bancadas e instalações diversas avaliadas em R$ 200.000,00, vida útil de 10 anos e depreciação de 10% ao ano.

[5] Nesse caso, é aleatório. Na realidade, o preço de venda deve considerar os aspectos de mercado.

[6] Despesas estimadas e aleatórias.

[7] Nesse caso, o CPV (Custo dos Produtos Vendidos) é igual ao custo total apurado anteriormente no custo de produção dos produtos, pois estamos admitindo a não existência de estoques, ou seja, tudo o que foi produzido foi vendido.

CONSIDERAÇÕES FINAIS

Ao longo deste livro, discorremos amplamente sobre a função do Gerente de Produtos de Moda (GPM) e os inúmeros desafios inerentes à Gerência de Produtos de Moda. Agora queremos um pouco mais de sua atenção para recuperar e enfatizar algumas questões que consideramos primordiais para a gestão da marca de moda na contemporaneidade.

Como vimos, no macroambiente há variáveis exógenas que podem afetar a empresa como um todo. Nesse sentido, devemos olhar para essas forças do ambiente de marketing de moda, que, na verdade, representam oportunidades ou ameaças, e avaliar de que forma essas podem se converter em êxito (ou fracasso) para seu negócio.

Certamente, no exercício de sua função como GPM, você será permanentemente desafiado pelo mercado. Seu mérito consiste em eleger quais são as disputas que merecem sua prioridade.

Desse modo, entendemos que para uma gestão competente não basta ter domínio dos aspectos conceituais de marketing, conhecer os exemplos de sucessos e fracassos das empresas concorrentes (e da sua própria, por que não?), ou mesmo certa dose de intuição. Tudo isso é importante, mas é preciso estar atento a alguns aspectos que destacamos a seguir.

Experiência Pessoal

Sua experiência pessoal e como você administra essa vivência conta muito para sua carreira e, especialmente, para o relacionamento com as demais áreas da empresa e com o próprio mercado. Não perca isso de vista!

Clientes

Tenha em mente que a construção da marca requer que você sempre acompanhe as variações das preferências de seus clientes, que, por sua vez, são submetidos às constantes transformações do mercado de moda.

Aqui, nos referimos a pelo menos dois patamares de clientes. No nível primário, encontram-se os clientes atacadistas, distribuidores e varejistas, e são estes que respondem pela compra dos produtos da sua empresa (ou dos concorrentes) e, por sua vez, ofertam esses produtos aos clientes deles. No nível secundário, estão os clientes de seus clientes primários, os consumidores, ou seja, aqueles que farão uso de seus produtos. É claro, além de recorrer ao varejo, esses usuários também podem adquirir seus produtos por meio do e-commerce.

Vejamos um exemplo prático. Suponha que seu público-alvo atual seja composto por mulheres de 25 anos, que trabalham e têm renda pessoal de R$ 2.500 por mês. Nos próximos três anos, quem será seu público-alvo? Essas mesmas mulheres que terão, então, 28 anos e, esperamos, um salário maior? Podemos contar com a fidelidade dessas consumidoras?

É difícil prever; não há garantias. Uma de suas muitas atribuições como GPM é justamente preparar a empresa para enfrentar essas mudanças no público-alvo da empresa.

Igualmente, você deve estar alerta para a descoberta de novos segmentos de mercado e, também, para os clientes potenciais e seus anseios, que podem representar um incremento ao público-alvo atual, tendo em vista a criação de novos produtos, a ampliação dos pontos de vendas (PDVs) e modos inovadores de comercialização.

Um exemplo bem recente e que tem alcançado muito sucesso é a adoção pelo comércio de rua da prática do fashion truck. Esse modelo de negócio inspirado no food truck – uma espécie de cozinha itinerante sobre rodas para a venda de alimentos – gradativamente vem ganhado a preferência, por um lado, dos micro e pequenos empreendedores, e, por outro, dos consumidores ávidos por produtos de moda a preços reduzidos. O fashion truck, normalmente presente às portas de condomínios, empresas, faculdades etc., acaba sendo uma opção de venda de produtos de moda para os consumidores que não têm tempo (ou vontade) de ir às lojas, e torna-se ainda mais atrativo em tempos de recessão como o que vivemos atualmente.

Ética, Liderança e Virtudes

Questão controversa, a ética, entendem Arruda, Whitaker e Ramos (2003, p. 42) "[...] é parte da filosofia que estuda a moralidade do agir humano; quer dizer, considera os atos humanos enquanto são bons ou maus, uma vez que toda atividade humana tem um fim".

Usualmente, nos voltamos para a ética individual, isto é as ações que favorecem ou desestimulam o comportamento ético. Do mesmo modo, é fundamental que observemos a ética empresarial. E você, GPM, pode e deve colaborar com o exercício dos princípios morais que regem a empresa.

Nas empresas de origem anglo-saxônica, as normas de comportamento são expressas no código de ética (ou conduta). Vale destacar que o registro dos valores da empresa é formalizado e amplamente divulgado, pois entendem que a ética é rentável – a difusão da ética empresarial fortalece sua imagem corporativa junto à sociedade (leia-se: mercado e público-alvo).

Nas empresas latinas, observamos que os códigos de conduta dão ênfase às pessoas. Portanto, as empresas são mais ou menos éticas conforme o comportamento de seus diretores, executivos e funcionários.

No Brasil, notamos que vigora uma mescla desses procedimentos.

Felizmente, a cada dia, vemos crescer nas empresas de moda o chamado "código de ética", que pode ser entendido como um sistema de valores que orienta a relação da empresa com seus funcionários, fornecedores e consumidores.

As grandes redes de varejo de moda têm se preocupado em estabelecer um código de conduta para o fornecimento de mercadorias, um meio de determinar um padrão de conduta comercial com os fornecedores, que tem por objetivo também evitar a prática, por exemplo, do trabalho escravo ainda presente em algumas confecções terceirizadas que prestam serviços para essas cadeias de lojas.

No que diz respeito à relação com os empregados, há empresas que determinam em seu código de ética a proibição de pessoas da mesma família trabalharem na empresa. Por conseguinte, os namoros não são admitidos e podem até mesmo ser alvo de punição.

Logo, tudo leva a crer que a ética (e os códigos de conduta) serão cada vez mais fundamentais nas relações profissionais (nas relações pessoais nos parece indiscutível). Por outro lado, a crescente importância da ética nos negócios traz à tona outros dois aspectos: a liderança e as virtudes.

Compreendemos por liderança a influência positiva que você, GPM, pode exercer sobre outras pessoas da empresa, de tal modo que possa atrair seguidores na forma de pensar e agir; a liderança nas empresas é imprescindível para agregar as vontades e responsabilidades na busca pelos resultados almejados.

O líder ético, como você GPM deve ser, não impõe medo, mas influencia, com liberdade e bom senso, as pessoas ao seu redor. A empresa agradece!

Lembre-se: a liderança ética é uma arte – a de tratar as pessoas – e uma técnica. Por isso mesmo, você sempre pode se aperfeiçoar diante das adversidades de sua organização, fazendo uso também dos progressos científicos ligados ao comportamento, como a neurociência.

Por virtudes, entendemos os bons hábitos que capacitam as pessoas a agir bem, como a autoconfiança, coragem, humildade, perseverança, prudência, entre outros; os vícios, ao contrário, são hábitos ruins.

As virtudes expressam valores que podem (e devem) ser transformados em ações. Portanto, uma liderança ética e competente não pode prescindir das virtudes, morais e intelectuais, visto que estas, em especial, podem ser aprimoradas pela aprendizagem e experiência de vida.

Como conciliar sua atuação ética com os objetivos de lucro da empresa?
Na pesquisa de marketing, não manipule nem permita que adulterem dados e resultados só porque contrariam opiniões, inclusive a sua.
Se o produto tem como matéria-prima o fio sintético, não omita essa informação, ou pior, não divulgue informação errada (100% algodão).
Resolveu fazer uma liquidação dos produtos? Ofereça-os a preços reduzidos. É usual a prática de iludir o consumidor aumentando os preços primeiramente para remarcar depois. Não faça isso jamais!
Na propaganda, procure desenvolver mensagens criativas que obedeçam ao briefing estipulado pelo Marketing e não exagere no "photoshop" das modelos.
Fique de olho na equipe de vendas, pois esta precisa dominar o conhecimento dos produtos para esclarecer o cliente e contornar as eventuais objeções que possam surgir por parte dele.
Enfim, esses são apenas alguns exemplos de sua atuação como GPM ético. Persevere!

Se você é um leitor interessado no universo da moda, esperamos ter esclarecido o conceito, as atribuições e a relevância do GPM. Que bom contar com sua curiosidade!

Se você ainda é estudante de Moda, tomara que tenhamos despertado seu entusiasmo por essa área de trabalho. Dedique-se! E, no momento oportuno, procure um estágio junto à Gerência de Produtos de Moda. Estamos certos de que será uma experiência incrível!

Se você quer trabalhar na área de Moda e percebeu que tem as competências de um Gerente de Produtos (GP)... especialize-se!

Se você já trabalha com moda, abrace (bem apertado) essa perspectiva de trabalho. Profissionalize-se!

Se você é um GP, venha para o campo da Moda, descubra novas fronteiras e alargue seu horizonte profissional. Reinvente-se!

Se você é um GPM, tenha certeza de que foi nossa fonte de inspiração. Por outro lado, esperamos que agora você esteja ainda mais consciente de sua importância e responsabilidades. Faça sua parte e continue a colaborar para a prosperidade do negócio da moda do qual faz parte. Mas, não se esqueça: você é um profissional imprescindível. Valorize-se!

Se você é proprietário ou administrador de uma empresa de moda, esperamos ter elucidado acerca da significância do GP, seu *job description*, seu mérito. Se você já conta com um profissional como esse, preserve-o! Incentive-o! Se ainda não tem um GP, saiba que corre um sério risco de ineficiência. Contrate-o com urgência! E nos conte depois se não valeu a pena.

Por fim, gostaríamos de deixar a você mais duas dicas. A primeira delas diz respeito à gestão de sua carreira que depende muito mais de seu comportamento na empresa que da qualidade de sua formação técnica, que, claro, também é indispensável. Hoje, o nível de confiabilidade que você gera junto aos seus superiores e colegas é fundamental para o exercício profissional.

Outro aspecto que queremos salientar tem relação com a tecnologia da informação que, como você já sabe, possibilita infinitas ameaças e oportunidades para suas atividades.

Enquanto a pirataria representa uma ameaça, as redes sociais podem trabalhar a seu favor, tudo depende do uso que você fizer delas. A velocidade com que surgem novos aplicativos incita o público às novidades e às (possíveis) vantagens de substituir o velho pelo novo, num processo contínuo e veloz de obsolescência planejada. Fique atento!

Boa sorte! Até breve.

REFERÊNCIAS

ARRUDA, Maria Cecilia Coutinho de; WHITAKER, Maria do Carmo; RAMOS, José Maria Rodriguez. **Fundamentos de ética empresarial e econômica**. São Paulo: Atlas, 2003.

CAGAN, Marty. **Inspired**: how to create products customers love. California: SVPG Press, 2008.

CHURCHILL JUNIOR, Gilbert A.; PETER, J. Paul. **Marketing**: criando valor para os clientes. São Paulo: Saraiva, 2000.

ENGEL, James F.; BLACKWELL, Roger D.; MINIARD, Paul W. **Comportamento do consumidor**. Rio de Janeiro: LTC, 1995.

FARIA, Izabel Sabatier de; FARIA, Mario de. **Pesquisa de marketing**: teoria e prática. São Paulo: M. Books, 2009.

FRINGS, Gini Stephens. **Fashion**: from concept to consumer. New Jersey: Pearson Education, 2008.

HAINES, Steven. The product manager's desk reference. **New York: McGraw-Hill**, 2009. Disponível em: <http://ir.nmu.org.ua/bitstream/handle/123456789/128277/233c57594d3342ba8c1223b18df39990.pdf?sequence=1>. Acesso em: 18 set. 2015.

HOOLEY, Graham J.; PIERCY, Nigel F.; NICOULAUD, Brigitte. **Estratégia de marketing e posicionamento competitivo**. São Paulo: Pearson Prentice Hall, 2011.

JABUR, Marcelo Nogueira. **Gestão das equipes de vendas**. Textos de apoio. MBA em Marketing. São Paulo: FGV, 2014.

KOTLER, Philip. **Marketing management**: analysis, planning, and control. New Jersey: Prentice Hall, 1967.

KOTLER, Philip.; ARMSTRONG, Gary. **Princípios de marketing**. São Paulo: Pearson Prentice Hall, 2007.

_____; KELLER, Kevin Lane. **Administração de marketing**. São Paulo: Pearson Education do Brasil, 2012.

_____; KARTAJAYA, Hermawan; SETIAWAN, Iwan. **Marketing 3.0**: as forças que estão definindo o novo marketing centrado no ser humano. Rio de Janeiro: Elsevier, 2010.

LEVY, Michael; WEITZ, Barton. **Administração de varejo**. São Paulo: Atlas, 2000.

LIPOVETSKY, Gilles. **O império do efêmero**: a moda e seu destino nas sociedades modernas. São Paulo: Companhia das Letras, 1989.

MALHOTRA, Naresk K. **Introdução à pesquisa de marketing**. São Paulo: Prentice Hall, 2005.

SAMARA, Beatriz Santos; BARROS, José Carlos. **Pesquisa de marketing**: conceitos e metodologia. São Paulo: Pearson, 2007.

SHETH, Jagdish N.; MITTAL, Banwari; NEWMAN, Bruce I. **Comportamento do cliente**: indo além do comportamento do consumidor. São Paulo: Atlas, 2001.

SHIMP, Terence A. **Propaganda e promoção**: aspectos complementares da comunicação integrada de marketing. Porto Alegre: Bookman, 2002.

TATIKONDA, Mohan V.; WEMMERLÖV, Urban. Adoption and implementation of classification and coding systems: insights from seven case studies. **International Journal of Production Research**, v. 30, n. 9, 1992, p. 2097-2110.

Fique atento aos nossos próximos lançamentos!
À venda nas melhores livrarias do país.

Editora Senac Rio de Janeiro
Tel.: (21) 2545-4927 (comercial)
comercial.editora@rj.senac.br

Esta obra foi composta em Helvética e impressa em papel *offset* 90g pela Gráfica e Editora Stamppa Ltda. para a Editora Senac Rio de Janeiro e a Estação das Letras e Cores Editora.
Novembro 2015